भक्त प्रह्लाद

भक्त प्रह्लाद

सूर्यकान्त त्रिपाठी 'निराला'

राजकमल प्रकाशन

ISBN : 978-81-7178-896-5

मूल्य : 495

पहला संस्करण : 1986
सातवाँ संस्करण : 2024

प्रकाशक : राजकमल प्रकाशन प्रा.लि.
1-बी, नेताजी सुभाष मार्ग, दरियागंज
नई दिल्ली-110 002
शाखाएँ : अशोक राजपथ, साइंस कॉलेज के सामने, पटना-800 006
पहली मंजिल, दरबारी बिल्डिंग, महात्मा गांधी मार्ग, प्रयागराज-211 001
1, अनमोल सोराबजी संतुक लेन, धोबी तलाव, मरीन लाइंस, मुम्बई-400 002
वेबसाइट : www.rajkamalprakashan.com
ई-मेल : info@rajkamalprakashan.com

मुद्रक : बी.के. ऑफसेट
नवीन शाहदरा दिल्ली-110 032

BHAKTA PRAHLAD
Story by Suryakant Tripathi 'Nirala'

भूमिका

प्रह्लाद भक्तों के अग्रगण्य हैं। उनकी ईश्वर-निर्भरता भारत-प्रसिद्ध है। दैत्यों के वंश में जन्म लेकर भी उन्होंने सत्त्वगुणी वृत्ति का आश्रय लिया था। अन्त तक आसुरी भावों पर वे विजयी हुए। ईश्वर-प्रेम, भक्ति, शान्ति, क्षमा, दया, धृति, सरलता आदि जितने सद्गुण हैं, प्रह्लाद में वे सब थे। उनकी दृढ़ता भी हद दर्जे की थी। कठोर-से-कठोर परीक्षाएँ आयीं, परन्तु वे अपने पथ से विचलित नहीं हुए। ऐसे धर्मनिष्ठ, सरल और दृढ़व्रत बालक के चरित्र का प्रचार—स्खलितमति, निर्वीर्य, निरुत्साह और पथभ्रष्ट कर देनेवाली कुशिक्षा से बचाने के लिए देश के बालकों में अवश्य होना चाहिए। प्रह्लाद के चरित्र-चित्रण में यथा-साध्य हमने सरल भाषा का उपयोग किया है। साधना और सिद्धि सम्बन्धी उच्च तत्त्वों के समुद्घाटन की चेष्टा भी की है। इसका अध्ययन बालकों के लिए यदि कुछ भी लाभप्रद होगा तो हम अपना परिश्रम सफल समझेंगे। इतिः।

15-8-30

विनीत

सूर्यकान्त त्रिपाठी

क्रम

प्रथम परिच्छेद

परिचय

देवताओं और दानवों के पूर्वज भगवान् कश्यप थे। इनके कई पत्नियाँ थीं। अदिति से देवता और दिति से दानव पैदा हुए। देवताओं और दानवों के अलावा नाग-नर, किन्नर और यक्ष-गन्धर्वों के पिता भी यही थे।

इस तरह सृष्टि का चक्र जब से चला, तभी से पुण्य और पाप, अमृत और गरल, भले और बुरे का इतिहास मिलता है। जिस तरह दिन और रात का जोड़ा सृष्टि के प्रथम समय से ही चला आ रहा है, उसी तरह देवता और दानव भी आदिकाल से आपस में लड़ते चले आ रहे हैं।

जिस समय की कथा हम लिख रहे हैं, वह सत्ययुग था। सत्ययुग उसे कहते हैं, जिस समय संसार में सत्य का प्रभाव अधिक रहता है। यानी पुण्य अधिक और पाप कम होता है। सत्य के सुनहले प्रकाश में संसार के जीवों को हर तरह की शान्ति और समृद्धि मिली रहती है। उनमें ईर्ष्या-द्वेष, फूट-कलह, अनाचार-व्यभिचार आदि पापों का फैलाव बहुत कम, नहीं के बराबर रहता है। पृथ्वी मानो सुख की हिलोरों में बहती रहती है। प्रजा को ईति-भीति का कष्ट नहीं रहता। मनुष्यों को अपनी रोटी कमाने के लिए इतना परिश्रम नहीं करना पड़ता, न इस तरह से अकाल संसार को बेहाल किये रहता है।

सृष्टि का क्रम जारी हो चुका था। देवताओं और दानवों का वंश खूब बढ़कर संसार में फैल चुका था। देवताओं में सत्त्वगुण की मात्रा अधिक

रहने के कारण, वे स्वभाव से संयमी, सरल, उदार, दयालु, सहिष्णु, परोपकारी और परमात्मा के भक्त हुए, उधर दैत्यों में तमोगुण अधिक था, इसलिए दुराचारी, क्रोधी पराई भलाई न देख सकनेवाले, असंयमी, भले आदमियों से डाह करनेवाले, विष्णु-द्वेषी हुए। वे किसी की कोई अच्छी चीज देखते तो झट उसे हड़प जाने के लिए दिलो-जान से तैयार हो जाते। उन्हें न तो संसार में किसी का डर था और न वे धर्म और परमात्मा को ही कुछ गिनते थे। वे शराब पीते, मांस खाते और हर तरह के अत्याचार करते थे। यही उनका नित्य-कर्म था और इसी में उन्हें आनन्द भी मिलता था। भले आदमी और खासकर देवता तो उनसे बहुत घबराते थे।

इसी दैत्य-वंश में, हिरण्याक्ष और हिरण्यकशिपु, दो भाई बड़े प्रतापवान हुए। संसार में इनकी धाक बँध गयी। इन दोनों में दुर्जेय शक्ति थी। एक तो यों ही स्वभाव के तमोगुणी, तिस पर पराक्रम की कमी नहीं, इनके उत्पात से तीनों लोक तंग आ गये थे। ये जिधर से निकलते, उधर ही सन्नाटा छा जाता। मारे डर के लोगों की साँस भी रुक जाती, जंगली जीव भी मारे डर के दुम दबाकर चुपचाप एक ओर सरक जाते। जिस तरह हिन्दुस्थान में आजकल प्लेग का आतंक छाया हुआ है, उसी तरह संसार में कभी इन दोनों भाइयों के नाम मशहूर और लोगों के लिए खौफनाक हो रहे थे। देवताओं के लिए तो और आफत थी। इनकी शक्ति से वे इतने दब गये थे कि किसी हालत में भी इनका मुकाबला नहीं करते थे।

हिरण्याक्ष, हिरण्यकशिपु का बड़ा भाई था। वह जब जवान था, उस समय हिरण्यकशिपु बिलकुल बच्चा था। हिरण्याक्ष अपने छोटे भाई को बहुत प्यार करता था। वह उसे अक्सर अपने साथ ही रक्खा करता था। लड़ने-भिड़ने की पेचीदा शिक्षा हिरण्यकशिपु को उसी से मिली थी। दैत्य-वंश में पैदा होने के कारण इन दोनों भाइयों से देव-द्विजों के माननेवाले, इन्हें घृणा की दृष्टि से देखते थे। लोगों का यह भाव हिरण्याक्ष को अपने बचपन में ही मालूम हो गया था, और इसका बदला लेने के लिए वह हृदय से निश्चय कर चुका था कि मैं संसार से धर्म की सत्ता मिटा दूंगा, जिस विष्णु

की पूजा करने के कारण देवों और ब्राह्मणों को इतना गर्व है, मैं उस विष्णु की ही संसार से हस्ती मिटा दूंगा। हिरण्याक्ष की उम्र के साथ उसका यह खयाल भी जोर पकड़ता गया। कुछ भी हो, हिरण्याक्ष अपनी जवानी में बड़ा ही सुडौल और शरीर का संगठित निकला। शेर की-सी गर्दन, आँखों में झुलस देनेवाली वीरता की निडर चितवन, हाथ जैसे हाथी की सूंड, छाती गज-भर की चौड़ी, कमर पतली—पेटी का कुल मांस खिचकर सीने पर चढ़ा हुआ, पैर जैसे किसी रुस्तम-जहान जबरदस्त पहलवान के मुग्दर, और ताकत की तो बात ही क्या—कि शेर भी आये, तो जवान हाथों-हाथ फाड़ डाले और मरोड़कर उसी वक्त उसकी जान ले ले। हिरण्याक्ष को कुश्ती का शौक भी खूब था। शिकार तो वह रोज खेलता ही था और जब से जवानी की रोशनी आयी, तब से तो शिकार के मांस के बिना उसका पेट ही नहीं भरता था।

इधर कुल-गुरु शुक्राचार्य को इस वीर से बड़ी-बड़ी आशाएँ होने लगीं। वे इसमें तेज, साहस और आत्मिक शक्ति भरने का भरसक प्रयत्न करने लगे। खूब इसका दिल बढ़ाया और तमाम संसार पर विजय प्राप्त करने के लिए खूब उभाड़ा। शुक्राचार्य के उपदेशों का उस पर वही असर पड़ा, जो सफेद कपड़े पर किसी रंग का पड़ता है। आत्मिक शक्ति बढ़ाने के लिए शुक्राचार्य ने उसे शिव का मन्त्र दिया और उसे ही अपने जीवन का आधार बना लेने के लिए वार-वार होशियार कर दिया। कहा, मृत्युंजय के इस मन्त्र से संसार भर में एक दिन तुम्हारी कीर्ति-पताका फहरायेगी। हिरण्याक्ष को गुरू की आज्ञा पर दृढ़ विश्वास हो गया।

हिरण्यकशिपु हिरण्याक्ष के साथ-ही-साथ रहता था। जब तक वह बालक था, तब तक उसकी माता और हिरण्याक्ष सदा ही डरते रहते थे कि अकेले में पाकर हिरण्यकशिपु को देवता कहीं मार न डालें। इसलिए हिरण्याक्ष अपने छोटे भाई को एक क्षण-भर के लिए भी न छोड़ता था। उसके साथ रहते हुए हिरण्यकशिपु के स्वभाव पर भी वही रंग चढ़ गया। वह भी देवों, ब्राह्मणों और खासतौर से विष्णु से जलने लगा। इधर उसके लड़ने-भिड़ने और दाँव-

पेच सिखलाने की ओर हिरण्याक्ष की अचूक दृष्टि रहती थी। घोड़े पर चढ़ना, घोड़े पर सवार रहने की हालत में बल्लम मारना, दौड़ते हुए घोड़े पर से तीर चलाना, उड़ती हुई चिड़िया का निशाना बेधना, शेर का पैदल शिकार करना, दोनों हाथों से तलवार चलाना, ढाल की ओझल से शत्रु की तलवार छीन लेना, तीर की नोंक से छोटी-छोटी पत्तियों के डण्ठल काट गिराना; सब तरह की युद्ध-विद्याओं में हिरण्यकशिपु को धीरे-धीरे पारंगत करने लगा। हिरण्यकशिपु भी जो लगाकर अपने भाई की दी हुई विद्या सीखने लगा। हिरण्यकशिपु की एकाग्रता देखकर हिरण्याक्ष के आनन्द का ठिकाना न रहा, हिरण्यकशिपु की अस्त्रकुशलता बड़ी तेजी के साथ बढ़ रही थी। शर-योजना में उसकी दक्षता और स्फूर्ति देखते ही बनती थी। फुर्तीलापन उसमें अपने बड़े भाई से भी कहीं बढ़कर था।

समय धीरे-धीरे पार हो जाता है। एक-से दिन किसी के नहीं रहते। कंगाल कभी मालामाल हो जाता है और बड़े-बड़े प्रजापालक महाराजाओं को द्वार-द्वार के टुकड़ों के लिए हाथ फैलाना पड़ता है। हिरण्यकशिपु का मनोहर बालपन बीत गया। उसकी सीढ़ी से जवानी की छत पर उसने पैर रक्खे। वहाँ से तमाम संसार की हरी-हरी शोभा जहाँ तक उसकी नजर पहुँची, उसने देखी। जी भर गया। हृदय में आनन्द की लहरें उठने लगीं और उन्हीं के साथ वह नदी पर पड़े-खिले फूल की तरह बह चला, अपने सौन्दर्य-बल से संसार पर विजय प्राप्त करने की लालसा से।

हिरण्याक्ष की जवानी भादों की नदी की तरह भरी पूरी थी, अथाह थी। देखनेवालों की आँखों को उसे बार-बार देखकर भी तृप्ति न होती थी। और कभी-कभी उनमें आतंक भी छा जाता था। वह विशाल देह, विपुल बल, सुसंगठित भुजाएँ और गर्व से ऊँची गर्दन देखकर लोगों को कभी-कभी शंका भी हुआ करती थी। हिरण्यकशिपु की जवानी वर्षा की पहली बाढ़ थी, बढ़ती हुई भी बढ़ने के लिए उतावली। जब हिरण्यकशिपु अपनी रक्षा, आप कर लेने में समर्थ हो गया, जब हिरण्याक्ष को छोटे भाई के बल-वीर्य और रण-कुशलता पर पूरा विश्वास हो गया, तब उसने अपनी चिरकाल का

आशा-लता को सींचकर पल्लवित, कुसुमित और फलित करने का इरादा पक्का कर लिया।

उसने अपनी किशोर अवस्था में सुना था, विष्णु सब देवताओं में बड़े, संसार में सबसे अधिक शक्तिमान और वीरों में अग्रणी हैं। यह बात उसे तभी से खटक रही थी और विष्णु से लड़ने की बलवती इच्छा दिन-पर-दिन उसके हृदय में जड़ पकड़ती जा रही थी। इसकी इस इच्छा को शंकर-मन्त्र और उसके अमित बल ने और भी बढ़ा दिया। हिरण्यकशिपु के बचपन पर विचार करके अब तक उसने दिल के हौसले को दिल में ही उमड़कर रह जाने दिया था। अब, इतने दिनों बाद दिल की मुराद पूरी करने का अवसर हाथ आया। हिरण्याक्ष की वह पुरानी इच्छा सैकड़ों धाराओं से फूट निकली। हिरण्यकशिपु ने भाई की पूरी मदद की। उसके हृदय में भी उसी ठेस की आग भभक रही थी। जवानी के जोश ने उस आग में घृताहुति का काम किया।

दोनों भाई सजकर तैयार हो गये। पहला वार हुआ संसार के राजाओं-महाराजाओं पर। पहले-पहल दोनों भाइयों ने संसार में विजय की भेरी बजा विष्णु नाम को देश से निकाल बाहर करना निश्चय किया। इन दोनों के साथ दैत्यों की अजेय वाहिनी थी। उसकी राह रोकनेवाला शक्तिमान राजा कोई न था। फिर भी किसी-किसी ने दैत्यों का सामना किया। परन्तु आंधी में सूखे हुए पत्तों की तरह राजाओं की सेना जरा देर भी दैत्यों की फौज के सामने न रुक सकी। सबके पैर उखड़ गये। सबके-सब अपनी-अपनी जान लेकर भागे। दैत्यों ने पीछा किया। किले के भीतर तक उन्हें खदेड़ ले गये। फिर किले का फाटक तोड़कर बेधड़क उसके भीतर घुस गये। एक तरफ से सबकी मुश्कें बाँध लीं। और यह आज्ञा की गयी कि जो कोई विष्णु का नाम लेगा, उसी वक्त धड़ से उसका सिर जुदा कर दिया जायेगा। उनमें कायरों की संख्या अधिक थी। राजा भी कायर ही निकला। अधिकांश लोगों ने वीर हिरण्याक्ष की आज्ञा शिरोधार्य कर ली। उन्होंने विष्णु का नाम लेना छोड़ दिया। वहाँ के राजा ने बाकायदा हर साल एक निश्चित रकम माल-

गुजारी के तौर पर हिरण्याक्ष को देनी मंजूर कर ली। इस तरह उसकी जान बची।

एक-एक करके सम्पूर्ण राज-मण्डल दैत्यों के वश में आ गया। संसार-भर में हिरण्याक्ष की विजय-वैजयन्ती उड़ने लगी। विष्णु नाम और वैष्णव-धर्म भूमण्डल से तिरोहित हो गया। प्राण-भय से लोगों ने विष्णु का नाम लेना तक बन्द कर दिया। शैवों की तूती बोलने लगी।

परन्तु हिरण्याक्ष को इतनी बड़ी विजय प्राप्त करके भी शान्ति नहीं मिली। इसकी लालसा तो विष्णु से लड़ने और परास्त करने की थी। इसलिए एकछत्र राजसिंहासन मिल जाने पर भी उसके हृदय को सुख नहीं हुआ। विष्णु की चिन्ता उत्तरोत्तर बढ़ती ही गयी। कभी-कभी उसे मन-ही-मन बड़ा खेद होता था। जिस विष्णु के देखने और जिससे लड़कर अपनी साध पूरी करने के लिए उसने पृथ्वी-भर की खाक छानी, बड़े-बड़े राज्यों को नष्ट कर डाला, करोड़ों निरपराध मनुष्यों के प्राण लिये, जिस विष्णु को मारकर दैत्यकुल को निष्कण्टक कर देना चाहता था, उससे आज भी मुलाकात नहीं हुई! उसके भक्त सताये गये, मार डाले गये, जीते जला दिये गये, वह अपने भक्तों की दुर्दशा देखकर ही रह गया, उनके दुःख मिटाने के लिए एक बार भी समर-क्षेत्र में न दिखायी पड़ा। इसी सोच-विचार में हिरण्याक्ष का चित्त प्रायः चंचल बना रहता था। एक दिन उसने सुना कि जिस विष्णु से लड़ने के लिए उसे इतनी अधीरता हो रही है, वह पाताल में वराह-रूप से रहता है। कहनेवाले ने कहने के साथ-ही-साथ कुछ नमक-मिर्च और लगाया। उसने कहा—वहाँ तुम मत जाना, उस वराह में बल की कमी नहीं है। तुम उससे लड़ोगे तो मारे जाओगे।

हिरण्याक्ष घबरानेवाला वीर न था। पाताल जाने से विष्णु से भेंट होगी, यह सुनकर उसका रोम-रोम पुलकित हो उठा। मुरझायी हुई लता एक बार फिर लहलहा गयी, विष्णु-विजय की तीव्र उत्कण्ठा उसे शीघ्र ही पाताल चलने के लिए विवश करने लगी। हिरण्याक्ष के जी में जी आया। विष्णु को न पाकर उसकी सारी शक्ति थककर कुछ दिनों के लिए सोयी

हुई-सी थी, इस बात से एकाएक जगकर उसके शरीर को मथने लगी। नसों में बिजली चक्कर काटने लगी, नसें तर्राकर तन गयीं, भुजाएँ ऐंठने लगीं, वीर अधीर हो गया।

विष्णु की चिन्ता से पहले भी उसका मन राज-पाट में न लगता था। अवसर हाथ आया देख, अपने छोटे भाई को राजा बना, उसी के हाथ राज्य का कुल काम सौंपकर, विष्णु की तलाश में हिरण्याक्ष ने पाताल की राह ली। पाताल-पुरी का एक-एक कण उसने ढूँढ़ा, पर कहीं भी विष्णु उसे दिखायी न दिये। अन्त में उसे एक युक्ति सूझी। उसने सोचा, हो न हो आगे जो यह अथाह सागर उमड़ रहा है, इसमें विष्णु अन्दर मेरे डर से कहीं छिपा बैठा होगा। फिर क्या था सोचने-भर की देर थी, झट उसने लँगोटा कसा, जाँघिया चढ़ाया और खम ठोककर उस अगाध जल में कूद पड़ा! जहाँ-जहाँ गया, तमाम पानी मथ डाला। पर कहीं कोई नहीं मिला। तब उसे बड़ा क्रोध आया। आँखें लाल हो गयीं और विष्णु का नाम ले-लेकर उसने गालियाँ देनी शुरू कर दीं।

एकाएक उसने देखा, उस अपार जल-राशि के एक ओर से एक वराह अजीब ढंग से शोर करता हुआ उसी की ओर चला आ रहा है। उसे समझने में देर न हुई कि यही विष्णु है, जिसके लिए मुझे इतनी मेहनत उठानी पड़ी और इतनी आफतों का सामना करना पड़ा। वराह को देखते ही वह फौरन पैंतरा बदलकर खड़ा हो गया। परन्तु भावी बड़ी प्रबल होती है। वह उसे घसीटकर यहाँ ले आयी थी मौत के सामने। फिर बचाव कहाँ था? वराह के रूप में मौत ही उसके सामने आकर खड़ी हुई थी। देखते-देखते वराह-रूपी विष्णु भगवान् ने बाहरवाले अपने तेज दाँत से उसके दो टुकड़े कर डाले, अन्त समय देख उसने राम-नाम लेकर वहीं प्राण विसर्जन कर दिये।

द्वितीय परिच्छेद

हिरण्यकशिपु, अत्याचार, तपस्या, लड़ाई

हिरण्यकशिपु को राज्य देकर हिरण्याक्ष पाताल में जब विष्णु से लड़ने के लिए चला गया, तब इधर राज-मद में हिरण्यकशिपु मनमाना काम करने लगा। एक तो स्वभाव का वह तमोगुणी था ही, जिस पर एकछत्र-साम्राज्य मिल गया, उधर जवानी का नशा, इसलिए हर तरह के अत्याचार करने की सुविधा मिल गयी। वह दिन-रात शराब के नशे में चूर रहा करता, और पहले से ज्यादा अत्याचार करने पर तुल गया। जब वह सुनता कि अमुक जगह देवताओं की पूजा होती है,—यज्ञ में उन्हें हिस्सा दिया जाता है,—इस तरह यज्ञ भाग खा-खाकर वे मोटे-ताजे हो रहे हैं और धीरे-धीरे अपना बल बढ़ाकर एक दिन दैत्यों की सेना पर आक्रमण करेंगे और उनका नाश करके ही छोड़ेंगे, इस तरह की खबर पाते ही वह उन-उन स्थानों को घेर लेता और सब आदमियों को पकड़कर एक तरफ से सबके लिए प्राण-दण्ड की आज्ञा दे देता। गाँव-के-गाँव उजड़ गये। संसार के देवताओं की पूजा उठ गयी। प्राणभय से भूलकर भी कोई विष्णु का नाम न लेता। जो सच्चे भक्त थे, वे मन-ही-मन भगवान् को पुकारने लगे, परन्तु फूल-पत्तियों और दूर्वा-चन्दन से विष्णु भगवान् की पूजा करना भी उन लोगों ने बन्द कर दिया। क्या करते—बेचारे विवश थे, जिसके राज्य में बसते थे, वही विष्णु-द्वेषी था, तो फिर पूजा-अर्चा कैसे हो सकती थी?

शैवों को पूरी स्वतन्त्रता थी। दैत्यगण शैव थे ही, इसलिए उनके राज्य

में शैवों की बड़ी प्रतिष्ठा होने लगी। लोग एक तरफ से शैव हो गये। हिरण्यकशिपु ने अपने राज्य में चारों ओर जासूस लगा रक्खे थे। विष्णु-पूजा और विष्णु-मन्दिर का संवाद वही लोग आकर सुनाते थे। इसके लिए उन्हें लम्बी-लम्बी तनख्वाहें मिलती थीं, और विष्णु-मन्दिर या विष्णु-पूजन की नयी खबर सुनाने पर ऊपर से उन्हें पुरस्कार दिया जाता था। हिरण्यकशिपु के राज्य में विष्णु-भक्त और विष्णु-मन्दिर का कहीं नामोनिशान न रहा।

देवताओं को यज्ञ-भाग न मिलने पर वे दिन-दिन दुबले होने लगे। देवताओं का पता लगाने के लिए भी हिरण्यकशिपु ने एक बड़ी संख्या में गुप्तचर नियुक्त कर रखे थे। यह हाल देवताओं को मालूम हो गया था। इसलिए वे बिचारे कन्दराओं में, पहाड़ की दो चोटियों के बीचवाले भू-भाग में, घने जंगलों में, बीहड़ स्थानों में जहाँ मनुष्यों या दैत्यों की पहुँच न हो सकती थी, छिपे फिरते थे। इसी हालत में रहकर वे दैत्यों पर वार करने के लिए मौका देख रहे थे कि इतने में हिरण्याक्ष के मारे जाने की खबर उन्हें मिल गयी।

इधर देवताओं का जब कोई समाचार दूतों से न मिला, तब हिरण्यकशिपु बेफिक्र होकर राज्य करने लगा। उसे विश्वास हो गया कि देवता डर गये, अब उससे लोहा नहीं ले सकते, और यज्ञ-भाग के बन्द हो जाने के कारण वे बिचारे भूखों मर रहे होंगे, वे अब क्या लड़ेंगे? इस विचार में पड़कर कुछ दिनों के लिए वह अपने शत्रुओं को भूल गया। इस समय उस पर एक दूसरा रंग चढ़ रहा था। लड़ाई बन्द हो जाने के बाद से उसमें विलासिता आ गयी थी। शराब और कबाब के साथ-साथ नाच-रंग का भी शौक आया। राजाओं-महाराजाओं की शौक होने की ही देर होती है, पूरा तो वह तत्काल कर दिया जाता है। गाने-बजाने का शौक भी हिरण्यकशिपु का तत्काल ही साजो-सामान-सहित पूरा कर दिया गया। चारों ओर नौकर दौड़े। जहाँ-कहीं उन्होंने अच्छी-अच्छी गायिकाओं और नर्तकियों को पाया, हिरण्यकशिपु की सभा में बुला लाये। हिरण्यकशिपु की आज्ञा पर 'नहीं'

कहने की शक्ति किसी में न थी। बड़े-बड़े शूर-वीर उससे घबराते थे। फिर वे तो बेचारी नाचने-गानेवाली साधारण स्त्रियाँ ही थीं। उनमें इतना दम कहाँ था जो वे उसकी आज्ञा पर नहीं चलतीं। इच्छा न रहते हुए भी उन्हें नृत्य-गीत सुनाने के लिए दैत्यराज के दरबार में आना ही पड़ता।

हिरण्यकशिपु का भोग-विलास भी हद को पार कर गया। एक दिन की बात है कि वह अपने विलास-मन्दिर से निकला और सीधा दरबार की ओर चला गया। मन्त्री, सेनापति, करद-मित्र-राजा, महाराजा-सामन्त वगैरह सब अपने-अपने आसन पर बैठे हुए थे। उसे देख उठकर खड़े हो गये। वह ऊँचे सिंहासन पर जा बैठा। उसके बैठने के बाद सब लोग अपने-अपने आसन पर बैठे और आग्रह-भरी निगाहों से उसकी आज्ञा की प्रतीक्षा करने लगे।

इसी समय एक दूत आया। दैत्यराज को अभिवादन कर हाथ जोड़ एक तरफ खड़ा हो गया। उसे उस हालत में देखकर दैत्यराज हिरण्यकशिपु को मालूम हो गया कि वह कुछ कहना चाहता है। उन दिनों राजा से कुछ अर्ज करने का नियम ऐसा ही था। हिरण्यकशिपु ने उसे कहने की आज्ञा दी। राजा की आज्ञा मिल जाने पर भी दूत की जबान बन्द ही रही, कहने की चेष्टा करके भी वह कुछ न कह सका। इससे हिरण्यकशिपु को क्रोध आ गया। कहने के लिए उसने दूत को डपटकर आज्ञा दी। दूत ने हृदय को बहुत अच्छी तरह सँभाल विनयपूर्वक कहा, "महाराज, आपके बड़े भाई हिरण्याक्ष अब इस संसार में नहीं हैं, पाताल में वराह-रूपी विष्णु के साथ उनकी लड़ाई हुई थी, उसी में वे मारे गये !"

हिरण्यकशिपु की देह में इस खबर ने आग लगा दी। दूत की बात पर पहले तो उसे विश्वास ही नहीं हुआ। वह अपने भाई की शक्ति खूब जानता था। वह सोचता था कि संसार में ऐसा वीर कोई नहीं है जो हिरण्याक्ष से विजय पा सके, मारने की तो बात ही क्या है। भाई की मृत्यु का उसे किसी तरह विश्वास नहीं हो रहा था। वह दूत को गलत खबर देने की वजह से कोई सख्त सज़ा देना चाहता था। उसकी मुखाकृति से भी उसके हृदय का

सन्देह प्रकट हो रहा था। सभासदों में किसी-किसी को यह बात मालूम हो गयी। वे आपस में कानाफूसी करने लगे। परन्तु हिरण्यकशिपु के डर से खुलकर कुछ कह न सकते थे। जब हिरण्यकशिपु को कुछ निश्चय न हुआ, बल्कि सन्देह उत्तरोतर बढ़ता गया, तब उसने अपने एक मन्त्री से पूछा कि यह खबर सच है या नहीं? उसने कहा कि मेरे भाई से विष्णु में बल अधिक होगा और वह मेरे भाई को मार सकता है, इस पर मुझे बिलकुल विश्वास नहीं हो रहा है। हिरण्यकशिपु को सन्देह भी हो रहा था और भय भी था। उसका मन्त्री बुद्धिमान था। उसने कहा, "महाराज, मैं तो इतना ही कह सकता हूँ कि वे अगर जीते होते तो अब तक यहाँ जरूर आ जाते, क्योंकि घर से निकले बहुत दिन हो गये।" दूसरे मन्त्रियों ने भी इस बात को दुहराया। हिरण्यकशिपु पर भी इसका प्रभाव पड़ गया। देखते-ही-देखते उसका सन्देह अथाह शोक में परिणत हो गया और वह उस दिन के लिए सभा समाप्त करके बड़े दु:खित भाव से अन्त:पुर की ओर चला गया।

धीरे-धीरे उसका शोक भयंकर क्रोध और प्रतिहिंसा में बदल गया। विष्णु की याद क्षण-भर के लिए भी न भूलने लगी। जिस समय विष्णु की याद आती, देखते-ही-देखते तमाम मुखमण्डल मारे क्रोध के लाल पड़ जाता। साँस की गति वेगवती हो जाती, होंठ काँपने लगते। रोम-रोम से प्रतिहिंसा जाग पड़ती। उस समय उसकी ओर कोई नजर उठाकर भी न ताक सकता। जिस विष्णु को प्राप्त करने के लिए करोड़ों मनुष्यों की उसने जान ली, सैकड़ों राज्य नष्ट-भ्रष्ट करके मिट्टी में मिला दिये, यज्ञ बन्द करा दिये, अनेक प्रकार के अत्याचार किये, उसी विष्णु के हाथों उसका प्यारा भाई मारा गया और उससे उसकी मुलाकात भी न हुई! इसकी याद आते ही हिरण्यकशिपु के हृदय में एकसाथ सैंकड़ों शूल चुभ जाते थे।

इस चिन्ता में उसका विलास-रंग बिलकुल ही जाता रहा। नर्तकियों का ज़माना गुजर गया। तबलचियों की एक दिन तूती बोलती थी, अब बेचारों को कोई कौढ़ी के मोल खरीदनेवाला भी न था। तबले की जोड़ी पर सेरों गर्द जम गयी। बन्द चूहों ने काट दिये। सितार और सुरबहार के तारों

को जंग पकड़ गया। उस्तादों, नर्तकियों और तबलचियों को कुछ दिन बाद रसद मिलनी भी बन्द हो गयी। सबके सबने अपनी-अपनी राह ली। दैत्य-पुरी में तबले की ठनकार की जगह फिर अस्त्रों की झंकार सुनायी देने लगी। हिरण्यकशिपु के होश ठिकाने आये, जंगी जोश सबार हो गया। अस्त्र-शस्त्रों को गढ़ाने और पिटाने के लिए देश-देश के नामी कारीगर बुलाये गये। दिन-रात दैत्यराज का ध्यान बदला चुकाने पर लगा रहता था। उसने फिर लँगोटा कसा। फिर घोड़े पर जीन कसी गयी। तीर-तलवार और बल्लम फिर चमकने लगे। उसके साथ दूसरे दैत्य-वीर भी ऐयाशी में पड़ गये थे, उसके साथ उनके भी होश दुरुस्त हो गये, उनके साथ ही वे भी लड़ाई की तैयारियाँ करने लगे।

इन्हीं दिनों किसी मन्त्री से हिरण्यकशिपु को मालूम हुआ कि विष्णु अमर है। वह कभी मरता ही नहीं, इस विचार से हिरण्यकशिपु का हौसला कुछ पस्त हो गया। जो मरता ही नहीं, उसे मारनें के लिए हठ ही क्या? कुछ समय के लिए सारा जोश ठण्डा पड़ गया। परन्तु दूसरे ही क्षण यह विचार पैदा हुआ कि अगर विष्णु अमर हैं, तो मैं भी अमर बनूँ। मेरा पहला कर्तव्य यही होना चाहिए। उसने सुन रक्खा था कि तपस्या से सब-कुछ हो सकता है। अनहोनी भी तपस्या के बल से हो जाती है। गूँगा बोलने लगता है, अन्धे को आँखें और दृष्टि-शक्ति मिल जाती है, लँगड़ा दूर की मंजिल तय कर लेता है, ऐसा कोई कार्य नहीं जो तपस्या के बल से सिद्ध न हो। हिरण्यकशिपु की सारी चित्तवृत्ति तपस्या की ओर झुक गयी। तप के प्रभाव से अमर होने के पश्चात् उसने विष्णु से लड़ने की तैयारी करना उचित समझा। मन्त्री ने भी उसे यही सलाह दी।

हिरण्यकशिपु ने राज्यभार मन्त्रियों के सुपुर्द कर दिया और खुद राज्य छोड़ दूर जंगल में तपस्या करने के लिए निकल पड़ा। हृदय में एक ही चिन्ता, एक ही भावना लगी रही कि अमर बनूँ और भाई का बदला लूँ। अगर विष्णु अमर होने के कारण न मरा, तो कम-से-कम उसे अधमरा जरूर कर डालूँ। इसी भावना में वह अपने दिन पार करने लगा। जंगल में

फल-फूल खाकर रहता और दिन-रात घोर परिश्रम से तपस्या किया करता। उसकी तपस्या भी तामसी होती थी। हठयोग की क्रिया से वह साधना कर रहा था। अमर होने के लिए वह ब्रह्मा का मन्त्र जप रहा था।

मन्दराचल-पर्वत पर हिरण्यकशिपु घोर तपस्या में मग्न रहने लगा। पहाड़ी, निर्जन-भूमि, छोटे-छोटे झरनों का पहाड़ पर से उतरते समय का सुहावना राग, फूलों का डण्ठलों पर हंस-हंसकर खिलना, मधुर हवा के झोंकों में हरी-हरी पत्तियों का झूमना, हिलना और मचलना, पेड़ों का रक्षकों की तरह दिन-रात तनकर खड़ा रहना, सुबह की स्वर्ण छटा से पहाड़ी दृश्यों का नैसर्गिक शोभा धारण करना, शाम की सुनहरी चादर ओढ़कर किरण-कलिकाओं का विदा होना, आसमान की गोद पर चाँद का मुस्कराना, तारों के समाज का मौन, रात की एकाएक जगाकर उदास कर देनेवाली पवन, सैंकड़ों फूलों का खिलकर अपनी-अपनी शोभा पर इतराना, एक दूसरे से चढ़ाबढ़ी करना, डण्ठलों की नजाकत पर चिड़ियों की बेरहमी, वार-वार एक से उड़कर दूसरे पर बैठना, उसे मुरझाना और हिंडोला झूलना आदि, पहाड़ के इन दृश्यों पर, चिरस्मरणीय शोभा की ओर हिरण्यकशिपु का ध्यान न था। वह तल्लीन होकर अपने इष्टदेव की आराधना कर रहा था। किसी प्रकार के बाहरी सौन्दर्य पर उसका मन चलायमान नहीं हुआ। सदा एक ही ध्यान, एक ही ज्ञान और एक ही आशा हृदय में जग रही थी। कितनी वर्षाएँ सिर पर से होकर गुजर चुकीं, कितनी ही हिम-राशि उस तपस्वी वीर को झुलस चुकी, कितने ही जेठ उसकी पीठ पर तप चुके, पर वह शान्त भाव से सब सहन करता गया। एक दिन के लिए भी चित्त को किसी प्रकार उदास या हताश नहीं होने दिया।

इधर हिरणयाक्ष की मृत्यु के बाद ही देवताओं में एक नया उत्साह बढ़ रहा था। एक शत्रु को तो भगवान् विष्णु ने मार डाला, रहा एक, इसे हम लोग वैतरणी पार कर दें, यह विचार कर देवता बहुत प्रसन्न हुए। वे आपस में संगठन करने लगे। जितने देवता दैत्यों के भय से इधर-उधर भागकर तितर-बितर हो गये थे, सब एकत्र होने लगे। इन्द्र, यम, वरुण,

जयन्त, कार्तिक, पवन, देवताओं के और-और जितने सरदार थे, सब आपस में मिल गये, और अपनी संगठित सेना को दैत्यों के विरुद्ध संचालित करने का निश्चय कर लिया। दिन, तिथि, समय सब ठीक हो गया कि किस दिन, किस वक्त, किस तरह से देव-सेना दैत्यपुरी पर आक्रमण करेगी। शनि ने कहा मैं ऐसी नजर लगाऊँगा कि फिर बस ! साढ़े-सात वर्ष तक दैत्यों को हैरान करने का पट्टा लिखता हूँ।

कार्तिक ने कहा, "तो अब तक क्यों भागते फिरे ? एक नजर फेर क्यों न दी हिरण्यकशिपु पर कि साढ़े सात साल के अन्दर ही बच्चू ऐंठ जाते ? —साँप भी मर जाता और लाठी भी न टूटती। मगर तुम्हारे जैसे दिल के कमजोर जितने होते हैं, सब इसी तरह जवानी जमाखर्च दिखलाया करते हैं, जब काम करने का समय आता है, तब एक साफ सिफर उनका हक अदा करते हुए देखा जाता है।"

शनि महाराज ने कहा, "तब न सही, अब सही। उस समय तुम्हारे जैसे बड़े-बड़े वीर जब पीठ फेरकर लम्बे कदम उठाने में एक-दूसरे से होड़ बदने लगे, तब भला मैं, सबका साथ छोड़कर दैत्यों पर कैसे नजर करने लगता ?"

"अजी वाह !" पवन ने कहा, "भगे तो सबसे पहले तुम्हीं थे, और आगे भी सबसे तुम्हीं थे।"

शनि ने कहा, "तुम जानते ही हो कि मेरी चाल बड़ी धीमी है, और वक्त था वह भागने का, फिर भला यह ताड़कर कि अब सेनापति पलायन-पटुता दिखलाना ही चाहते हैं, पहले ही से अगर मैं न भागा होता तो क्या आज इस दशा में यहाँ तुम मुझे देखते ?"

कार्तिक ने गरजकर कहा, "सेनापति का भागना ही उस समय के लिए ठीक था। तुम व्यर्थ ही मुझ पर व्यंग-वर्षा कर रहे हो। देवराज पकड़े जाते अगर हम न भागते।"

"क्यों नहीं ?" शनि ने गम्भीरता के साथ कहा, "भागे बिना देवराज कैसे बचते ? लड़ते रहने का अर्थ ही है पकड़े जाना, बाल-बाल बचना तो

भागने ही को कहते हैं। मगर देव-सेनापति इस विद्या में बड़े निपुण हैं, लड़कर चाहे कोई श्रीमान् को पकड़ भी ले, लेकिन दौड़कर पकड़ना कितना मुश्किल काम है, यह मुझे बहुत बार प्रत्यक्ष हो चुका है।"

कुछ गम्भीर होकर इन्द्र ने कहा, "शनि, आपस में इस तरह की छेड़छाड़ अच्छी नहीं। इस समय हम लोगों के सामने एक बहुत बड़ा प्रश्न है।"

यम ने अपनी विशाल गदा उठाकर गम्भीर कण्ठ से प्रतिज्ञा करते हुए कहा, "अब इसके भीषण प्रहार से निस्सन्देह सैकड़ों दैत्यों का संहार कर डालूँगा।"

देवराज इन्द्र ने अपनी तेंतीस करोड़ वाहिनी का संगठन कर बड़े जोश में आकर वीरों को प्रोत्साहन देते हुए कहा, "वीरो, अब के हथेली पर जान लेकर समर करना है। दैत्यों को उनके कुकृत्यों की पूरी शिक्षा देनी है। तुम लोग जानते हो, उन्होंने सैकड़ों वैष्णवों के सिर कटा लिये, सैकड़ों विष्णु-मन्दिरों की एक-एक ईंट ढहा दी, कितने ही निरपराध राजाओं को जीते-जी बाँधकर जलती हुई आग में डाल दिया। उनके अत्याचारों का भार अब पृथ्वी सह नहीं सकती। मदान्ध दैत्यों का नाश अब बहुत नजदीक आ गया है। तुम लोगों ने सुना होगा, और सुनकर तुम्हें प्रसन्नता भी हुई होगी कि पाताल में भगवान् विष्णु ने वराह-रूप धारण कर दुष्ट हिरण्याक्ष का प्राणान्त कर दिया है। उसकी हत्या का समाचार उसके छोटे भाई, हिरण्यकशिपु को अभी थोड़े ही दिन हुए, मिला है। इससे निस्सन्देह वह दब गया होगा, और शायद इसीलिए राज-पाट छोड़कर कहीं तपस्या करने को गया है। हम लोगों को चाहिए कि उसकी तपस्या पूरी न होने से पहले ही हम लोग दैत्यों पर विजय प्राप्त कर उनका नाश कर डालें। तपस्या से हिरण्यकशिपु का शरीर निश्चय ही कमजोर पड़ गया होगा। तब तक हमें उसका पता भी मालूम हो जायगा कि वह कहाँ पर तपस्या कर रहा है। हम लोग उसकी तपस्या में विघ्न खड़ा कर देंगे। तपस्या भी अधूरी रहेगी और समय के रहते ही हम उसे मार भी सकेंगे। इस समय सब शत्रु जड़समेत उखड़

जायँगे। भाइयो, विष्णु भगवान् हमारे सहायक हैं। हमारा यज्ञ-भाग इन्हीं दैत्यों के कारण मारा गया है। हमारा धर्म है कि हम बहुत शीघ्र इसका बदला चुकायें।"

देवराज इन्द्र के जोश-भरे शब्द सुनकर देव-वाहिनी कड़क उठी। नस-नस में तीव्र आग्रह की स्फूर्ति संचरित होने लगी। आनन्द-वेग से वार-वार पुलकित होकर रोमावली अंकुरित हो उठी। सबने समस्वर से देवराज की जयध्वनि की। सबने कहा, "हम देवराज के लिए प्राण तक देने को तैयार हैं। समरभूमि में हम अपनी पूर्ण शक्ति के साथ अस्त्र चलायेंगे। दैत्यों को धराशायी करके ही छोड़ेंगे। पृथ्वी का संकट दूर करेंगे। ब्राह्मणों की रक्षा करेंगे। विष्णु-भक्तों को दुष्टों के हाथ से बचायेंगे। वैष्णव धर्म को फिर से पृथ्वी पर फूल-फलकर फैलाने देंगे।"

देवताओं का उस समय का संगठित शक्ति का विजय-घोष मुर्दों में भी एक वार जीवन-भर रहा था। करोड़ों कण्ठ पुनः-पुनः जयनाद करते हुए आकाश कम्पायमान कर रहे थे। इन्द्र ने सेनापति कार्तिक को मुकाम कूच करने की आज्ञा दी। देव-सेनापति ने अपनी प्रबल वाहिनी को अनेक हिस्सों में विभक्त कर दिया। हरएक समूह के लिए एक उपयुक्त वीर, सेनानायक पद पर अधिष्ठित किया गया। किस तरह दैत्यों की राह रोकी जायगी, किस तरह बढ़कर वार करना होगा। थकी हुई सेना को मदद पहुँचाने के लिए रक्षित सेना कहाँ किस रूप से रहेगी, किस तरह से आगे बढ़कर उसे अपनी सेना की सहायता करनी होगी, पार्श्व-रक्षक कौन-कौन होंगे, उनके साथ कितनी-कितनी सेना का रहना आवश्यक है, सेना का हरएक पदातिक अपने दूसरे सहायक से कितने फासले पर रहेगा, मददगार को किस तरह अपने-अपने मित्र-सैनिक की पृष्ठ-रक्षा करनी होगी, कौन-सा व्यूह रचकर पहले सेना-सन्निवेश किया जाना ठीक है, व्यूह के उखड़ते समय दूसरा कौन-सा व्यूह अपनी रक्षा के लिए रच लेना आसान होगा, भागती हुई शत्रु-सेना को किस उपाय से विद्ध-मृग की तरह अपने कब्जे में कर लेना सुगम होगा, इन कुल विषयों पर देव-सेनापति कार्तिक ने पहले ही से विचार करके

निश्चय कर लिया। उन्होंने लड़ाई का नक्शा भी तैयार कर लिया, और साथ के सभी सहायक सेनापतियों को दिखलाया।

देवताओं की फौज बड़ी फुर्ती से बढ़ती गयी, और शीघ्र ही वह दैत्यपुरी के पास आ पहुँची। सेनापति की आज्ञा के अनुसार दैत्यपुरी को चारों ओर से देव-सैनिकों ने घेर लिया। आने-जाने का रास्ता बन्द हो गया। दैत्यपुरी में इससे बड़ी खलबली मची। सब लोग एकाएक आक्रमण होने पर बहुत घबराये। परन्तु तैयारी वहाँ भी थी। जब से हिरण्यकशिपु घर से बाहर निकला था, तब से वहाँ बड़ी रखवाली रहती थी। पहले से अधिक गुप्तचर नियुक्त कर रक्खे गये थे। फौजी-विभाग में पहले से दूना खर्च हो रहा था। दैत्यों को हिरण्यकशिपु के न आने तक देवताओं पर सदा सन्देह बना रहता था। वे सब समय सचेत रहते। इसलिए जब नगर के घिर जाने का हाल उन लोगों को मालूम हुआ, तब पहले तो वे बहुत हँसे। इन्द्र की हिम्मत देख वे उनकी दिल्लगी उड़ाने लगे। किसी ने कहा, "देखो, देवराज कैसा चोर है, समझा होगा, दैत्यपुरी खाली है, राजा इस समय नहीं है, चलो,—लूट लें, मगर यह तो न सोचा होगा कि देवताओं के दर्द की दवा करनेवाले यहाँ सैकड़ों दैत्य-वैद्य मौजूद हैं।"

किसी दूसरे ने कहा, "अरे तुमने देखा नहीं? लोभ अन्धा है। जिस तरह उसके आँखें नहीं हैं, उसी तरह जिस पर वह सवारी करता है, उसे भी अन्धा बना देता है। अब वे दिन फिर बच्चू को भूल गये, जब दाने-दाने को मोहताज, जंगलों में घूमते थे। जान पड़ता है, अब इधर कुछ दिनों से दैत्यराज के चले जाने पर तोंद मोटी पड़ गयी है।"

एक तीसरे ने कहा, "तोंद मोटी बढ़ गयी होगी तो फिर पिचक जायगी। इसीलिए तो यहाँ आया है। मगर है बड़ा बेशर्म, कोई दूसरा होता तो चुल्लू-भर पानी की तलाश करता।'

दैत्यों में इसी तरह का मजाक छिड़ा हुआ था कि एकाएक बिगुल बजने लगा। बिगुल लड़ाई होने से पहले सेना की वर्दी डाटकर तैयार हो जाने के लिए बज रहा था। जितने दैत्य-सैनिक थे, सब सजग हो गये। सेनापति

की आज्ञा पर सबके सब फौजी वर्दियाँ डाटकर अस्त्र-शस्त्र ले बात-की-बात में सज्जित हो गये, और जहाँ बिगुल बज रहा था, वहाँ आकर हाजिर हो गये। सैनिकों के मुख पर दृढ़ता, होंठों में प्रतिज्ञा, नेत्रों में साहस और वार्त्तालाप में प्रसन्नता टपक रही थी। सेनापति ने उत्साह बढ़ाते हुए कहा, "वीरो, आज दुश्मन घर बैठे ही हमें आ मिला है। इस समय महाराज यहाँ नहीं हैं, यह खबर पाकर ही देवताओं को यहाँ तक धावा करने का साहस हुआ है, वे अगर होते तो देवता पहाड़ों की गुफाएँ छोड़कर बाहर निकलने का भी साहस न करते। उनके इस साहस से साफ सूचित है कि वे हमें क्या समझते हैं। भाइयो, इससे हमारा कितना अपमान हुआ, इसका तुम्हें सहज ही में अनुमान हो सकता है। दैत्यराज यहाँ नहीं हैं, तो क्या इससे दैत्यपुरी वीर-विहीन हो गयी ? मैं तो यह समझता हूँ कि दैत्यराज नहीं हैं, इसलिए दैत्यों में इस समय पहले से चौगुनी ताकत अधिक है। क्योंकि उनके न रहने पर भी दैत्यों को उनके नाम की रक्षा करनी है। यह राजधानी आज उनकी नहीं हमारी है। वे होते तो इसके राजा वे एक ही रहते, परन्तु आज हम हरएक इसके राजा हैं। वे रहते तो इसकी इज्जत पर ज्यादा उन्हें खयाल होता, परन्तु आज हममें हरएक को उसकी इज्जत का खयाल है। भाइयो, दुश्मन घर में बेधड़क घुस आये, और हम चद्दर तानकर सोते रहें ?"

"हरगिज नहीं, हरगिज नहीं।" उस विपुल सेना-समुद्र के एक छोर से दूसरे छोर तक यही शब्द सुनायी दिया। सेनापति ने कहा, "भाइयो, हमें प्राण देकर भी अपनी जन्मभूमि, माता की और उससे भी बढ़कर हर वक्त अपनी गोद में रखनेवाली जन्मभूमि की रक्षा करनी ही होगी।"

"अवश्य ही हम लोग अपनी जन्मभूमि की रक्षा करेंगे। प्राण दे देंगे, पर पैर पीछे नहीं पड़ेंगे। आप विश्वास रखिए।" करोड़ों कर्कश कण्ठों से निकलकर यह ध्वनि बार-बार वायुमण्डल में गूँजने लगी। सेनापति को अपनी सेना पर दृढ़ विश्वास हो गया। बड़े उत्साह में आकर उन्होंने अपनी विजयिनी सेना को बधाई दी। कुछ देर तक देवताओं की कायरता, उनके भागने की पटुता, दिल की कमजोरी आदि पर व्याख्यान देते रहे, ताकि

सेना की हिम्मत और बढ़ जाय ? फिर द्वार-रक्षक से फाटक खोल देने के लिए कहा ।

फाटक खुलते ही पहाड़ से निकलनेवाली टिड्डियों की तरह दैत्यों की सेना ने लड़ाई का मैदान छा लिया । सेनापति ने तत्काल अपनी विपुल सेना का व्यूह बनाकर शत्रुओं का सामना करने के लिए झण्डी हिलाकर इशारा किया । दैत्यों की फुर्ती का क्या कहना था ? क्षर-भर में सब सेना व्यूह रचकर खड़ी हो गयी और वार करने के लिए अपने सेनापति की ओर एक दृष्टि से ताकने लगी । सेना को सुरक्षित भाव से खड़ी देखकर सेनापति ने अस्त्र चलाने की आज्ञा दे दी ।

उस दिन देव-वाहिनी और दैत्य-सेना की घमासान लड़ाई देखने ही लायक हुई । देवताओं में सताये जाने के कारण प्रतिहिंसा की भयानक ज्वाला धधक रही थी । सबने प्राणों का मोह छोड़कर दैत्यपुरी को आकर घेरा था । उधर दैत्य कई बार विजयी हो चुके थे । उनके दिल बढ़े हुए थे । वे देवताओं को वीरों में गिनते ही न थे । बड़ी देर तक लड़ाई होती रही । आज कुछ नजर न आया । दोनों ही अपनी-अपनी जगह पर डटे रहे ।

आक्रमण से पहले दैत्यों ने एक भूल कर डाली थी । उन्होंने अपनी थकी हुई सेना को मदद पहुँचाने का उपाय नहीं सोचा । एकसाथ कुल फौज लेकर देवताओं पर टूट पड़े थे । उन्हें विश्वास था कि इस तरह सामना होते ही हम लोग देवताओं को दबा लेंगे, और पैर उखड़ जाने पर फिर उनका ठहरना मुश्किल हो जायगा । दैत्यों को यह पता ही न था कि देवताओं की कुछ फौज अलग मदद के लिए रख छोड़ी गयी है । अस्तु—पहर-भर लड़ाई होने के पश्चात् दोनों ओर की सेना में शिथिलता देख पड़ने लगी । दैत्य-सेनापति के पास उत्साह-भरे शब्दों के अलावा अपनी सेना की सहायता करने का और दूसरा उपाय न था । उधर देव-सेनापति ने अपनी सेना को साहस देने पर भी अस्त्र चलाते हुए विलम्ब देख, मदद के लिए रक्षित फौज ले आने की आज्ञा दी । देखते-ही-देखते देवताओं की नयी फौज आकर डट गयी । थकी हुई सेना विश्राम करने के लिए भेज दी गयी ।

देवताओं की नयी फौज का कठोर आक्रमण दैत्यों की सेना न सह सकी। सेनापति के बार-बार झण्डियाँ हिलाकर उत्साह बढ़ाने पर भी कुछ फल न हुआ। देवताओं की मार वह न सह सकी। उसे जान लेकर भागना पड़ा। देवताओं की विजय हुई।

विजय के पश्चात् बारी लूट की आयी। देवताओं ने खूब जी भरकर दैत्यपुरी को लूटा। हीरा, मोती, पन्ना, लाल, सोना, चाँदी सब कुछ वहाँ भरा हुआ था। देश-देशों की सम्पत्ति-राशि वहीं खिंचकर आ गयी थी। देवताओं ने सब लूट ली। लूट के बाद नम्बर आया धरपकड़ का। देवताओं की विजय हो जाने पर उसी वक्त दैत्यजी लेकर दैत्यपुरी छोड़कर भाग गये थे। चारों तरफ से पुरी खाली पड़ी थी। वहाँ स्त्रियाँ और बच्चे रह गये थे। देवराज की आज्ञा से देवताओं ने किसी स्त्री या बच्चे को नहीं सताया। परन्तु हिरण्यकशिपु की स्त्री रानी कयाधू को कैद कर लिया। कयाधू उस समय गर्भवती थी। इन्द्र ने खासकर इसी विचार से उन्हें कैद कराया था।

कयाधू स्त्रियों में रत्न थीं। विधाता की इच्छा और कर्मफल के अनुसार दैत्यपुरी में महारानी बनकर रहने पर भी उसमें दैत्य-स्वभाव की कोई छाप न थी। बड़ी ही सरल, पवित्र, उदार, दयालु, बुद्धिमती और स्वभाव की शान्त थीं। सभी गुण उनमें आकर इकट्ठे हो गये थे। देवता जब उन्हें कैद करके ले चले, तब उनके हृदय को बड़ा दुःख हुआ। परन्तु स्वाभाविक लज्जा और अपनी प्रतिष्ठा का विचार करके वे रोयीं नहीं। कलेजा मसोस-मसोसकर रह जाती थीं। परमात्मा की प्रेरणा से एक रास्ते से नारदजी मिल गये। मुनि को इनकी दशा पर दया आ गयी। उन्होंने इन्द्र से पूछा कि, "इन्हें कहाँ लिये जा रहे हो?" इन्द्र ने कहा, "हिरण्यकशिपु की पत्नी हैं, इस समय इनके गर्भ है। जब लड़का हो जायगा, तब इनको छोड़ दूंगा। इनसे मेरी कोई शत्रुता नहीं है, परन्तु इनका पुत्र मेरा परम शत्रु है। मैं उसे जरूर मार डालूंगा।"

नारद ने कहा, "वाह! यह आपकी कैसी नीयत है? उस बच्चे ने

आपका क्या बिगाड़ा है ? और सच तो यह है कि वह बच्चा ईश्वर का बड़ा ही भक्त होगा। फिर आप उसे मारने की ताक में क्यों लगे हो ?"

नारद की बात पर इन्द्र को विश्वास हो गया। उन्होंने रानी को छोड़ दिया। नारदजी रानी को अपने यहाँ ले आये। आश्रम की पवित्रता और ऋषि के आश्रम में रहना, ये दोनों ही गर्भवती रानी के लिए बड़े लाभकारी हुए। नारद ने कहा, "हिरण्यकशिपु जब तपस्या करके घर आ जायगा, तब हम तुम्हें वहाँ भेज देंगे।" आश्रम में नारदजी से रानी को अनेक प्रकार के उपदेश मिले थे। उनका असर उन पर उतना नहीं पड़ा, जितना उनके गर्भस्थ बच्चे पर पड़ा।

तृतीय परिच्छेद

वर-प्राप्ति और गृहागमन

तपस्या करते-करते हिरण्यकशिपु को कितने ही वर्ष हो गये, परन्तु कहीं कुछ न हुआ। इतना कष्ट सहन करने पर भी कहीं कोई न आया। तपस्या की प्रखरता से शरीर सूखकर काँटा हो गया, भूख-प्यास जाती रही, ऐश-आराम भूल गया, परन्तु फल कुछ न हुआ। कभी-कभी हृदय हताश होने लगा, इष्ट-देव से विश्वास उठने लगा, क्षण-भर के लिए दुर्बलता मन पर अधिकार फैलाकर उसे घर के दुःखों की याद दिलाती और तप छोड़कर लौट चलने के लिए एक परम मित्र की तरह सलाह देती, परन्तु दूसरे ही वक्त शरीर के रोम-रोम से दृढ़ता की तीव्र स्फूर्ति उसे कमजोरी की ओर ध्यान देने के लिए इशारा करती। कहती, "इससे बचो, इसका क्षण-भर के लिए आना भी तुम्हारे असाध्य-साधन के लिए बड़ा विघ्न है। इसे हरगिज न आने दो। अगर फल की लालसा है, तो तब तक दृढ़ रहो जब तक व्रत पूरा न हो जाय। मन में दुर्बलता का लेशमात्र भी जब तक रहेगा, तब तक तुम्हें सफलता न होगी। यह तुम्हारे इष्टदेव की परीक्षा है। परीक्षा में तुम्हें उत्तीर्ण होना चाहिए। और भी दृढ़ होना चाहिए। अपनी लगन को और मजबूत करो। ध्यान एक मुहूर्त के लिए भी जब इष्ट-देव के चरणों से विचलित न हो, तुम्हारा मनोरथ तभी पूर्ण होगा।" हिरण्यकशिपु पर दृढ़ता की ही विजय होती। वह वीर था, राजा था, विवेचक था। भले-बुरे का ज्ञान लेकर ही वह पैदा हुआ था। अन्तरात्मा की सच्ची सम्पत्ति कौन-सी

है, इसके समझने में उससे गलती नहीं हुई। उसने निश्चय किया कि अब मन में दुर्बलता को कभी उठने भी न दूंगा, उठना तो क्या, मेरे मन में इसका रहना ही मेरी महत्ता का घातक है। उसे बड़ा पश्चात्ताप हुआ। वह पहले से और भी दृढ़ होकर तपस्या करने लगा।

आसन दृढ़ करके, प्राणों को साधकर एक चित्त से अपने इष्ट-देव ब्रह्मा का ध्यान करने लगा। न उसे ग्रीष्म-काल की कड़ी धूप की परवा थी, न वर्षा की प्रबल जल धारा की, न शीत के प्रचण्ड हिम की। वीर एकनिष्ठ होकर एक ही आसन से दीर्घकाल तक बैठा रहा। उसकी अटल तपस्या में बहुत से विघ्न आये, कितने प्रकार के प्रलोभन उसके चित्त को चलायमान करने के लिए आये, परन्तु उसने आँखें खोलकर उन्हें देखा भी नहीं। तल्लीन होकर ध्यान करता रहा। उसने निश्चय कर लिया था कि या तो शरीर-पात ही हो जायगा, या मेरा मनोरथ ही सिद्ध होगा।

हिरण्यकशिपु की उग्र तपस्या को देखकर ब्रह्मा का हृदय विचलित हो उठा। वे और विलम्ब न कर सके। मन्त्र के आकर्षण से उन्हें हिरण्यकशिपु के पास खिंचकर आना ही पड़ा। परन्तु उनका हृदय खलबला उठा। भक्त पर कृपा की दृष्टि फेरने के लिए उन्हें उनकी बुद्धि वार-वार विवश करने लगी। ब्रह्मा अपने ब्रह्मलोक को छोड़कर जहाँ हिरण्यकशिपु तपस्या कर रहा था—आये, और बड़े स्नेहपूर्ण शब्दों में पुकारकर कहा, "वत्स हिरण्यकशिपु, तुम्हारी तपस्या आज पूरी हो गयी। तुम वर की प्रार्थना करो।"

हिरण्यकशिपु ने आँखें नहीं खोलीं। पहले उसे सन्देह हुआ कि कहीं कोई अविद्या रूपिणी माया मुझे छलने के लिए तो नहीं आयी? परन्तु हृदय के कान तो ऐसे होते हैं कि वहाँ कभी किसी तरह के छल की पैठ नहीं होती, वे तुरन्त ताड़ जाते हैं कि यह छल है। सत्य की ध्वनि भी वे समझते हैं। उन्होंने हिरण्यकशिपु को विश्वास दिलाया कि यह आवाज किसी दूसरे की नहीं, किन्तु तुम्हारे इष्टदेव की ही है, इसमें छल-छिद्र नहीं है, यह सत्य है, तुम आँखें खोलकर अपनी इच्छानुसार वर की प्रार्थना करो।

हिरण्यकशिपु ने चिरकाल के पश्चात् आँखें खोलीं। सामने वेद-

कमण्डलु-धारी चतुर्मुख ब्रह्मा विराजमान थे। देखकर हिरण्यकशिपु का जी भर आया। हृदय उमड़ चला। आँखों से आनन्द की धारा बह चली। उसने बड़े भक्ति-भाव से सिर झुकाकर, हाथ जोड़ अपने इष्ट-देव को प्रणाम किया और कहा, "भगवन्, मुझ पर प्रसन्न होकर वर दे रहे हो—तो यह वर दो कि मैं अमर होऊँ।"

ब्रह्मा की भौंहें कुछ कुंचित हो गयीं। ललाट में सिकुड़न पड़ गयी, मुख-मण्डल पर चिन्ता की रेखा खिंच गयी। स्वर में संकोच आ गया। उन्होंने कुछ हिचकिचाते हुए कहा, "वत्स, एक इस वर को छोड़कर और चाहे जिसके लिए प्रार्थना करो, मैं तत्काल उसकी पूर्ति कर दूंगा, अमर-वर मेरी शक्ति से बाहर है।"

ब्रह्मा की बात सुनकर हिरण्यकशिपु को पहले-पहल बड़ा आश्चर्य हुआ। उसने सोचा कि जिसके लिए मैंने इतनी मेहनत की, उसका तो इन्होंने एक ही बात से अन्त कर दिया। अब और कौन-सा उपाय है? कुछ देर सोचते रहने के बाद उसे एक चाल सूझी। उसने सोचा, अगर ब्रह्मा मुझे अमर-वर नहीं देना चाहते तो न दें, मैं इनसे वही वर एक दूसरे तरीके से माँग लूंगा। उसने कहा, "भगवन्, अगर आप मुझे अमर नहीं करना चाहते तो कृपा कर यह वर दीजिए कि स्वर्ग, मर्त्य और पाताल में मेरा प्रतिद्वन्दी वीर कोई न रह जाय। मैं सबको परास्त कर सकूं। देव, दानव, नर, नाग, असुर किन्नर, यक्ष, रक्ष, गन्धर्व कोई मेरे मुकाबिले में न ठहर सके। संसार में जितने जीवधारी हैं, उनमें किसी के हाथ से मेरी मृत्यु न हो। न मैं दिन को मरूं, न रात को, न बाहर, न चारपाई पर, न जमीन पर, न अस्त्रों से, न पानी-पवन से।"

हिरण्यकशिपु की प्रार्थना सुनकर ब्रह्मा मुस्कराये। कुछ देर बाद बोले, "हिरण्यकशिपु, मैंने तुम्हें यही वर दिया। मेरे वर से तुम तीनों-लोक में विजयी होकर रहोगे।" यह कहकर ब्रह्मा वहीं विलीन हो गये, और सूक्ष्म रूप धारण कर अपने लोक को चले गये।

ब्रह्मा के चले जाने के बाद हिरण्यकशिपु को अपनी चालाकी की सफलता

पर बड़ी प्रसन्नता हुई। उसने कितनी ही बार अपने प्राप्त वर की मन-ही-मन आवृत्ति की और बहुत खुश हुआ। आँखों में गर्व छा गया। बाँहों में उत्तेजना भर गयी। मारे आनन्द के छाती फूलकर दूनी हो गयी। मनोवांच्छित अमर-वर मिलने की उमंग अंग-अंग को पुलकित करने लगी।

हिरण्यकशिपु जंगल छोड़कर अपनी सुहावनी राजधानी की ओर चला। मन में अनेक प्रकार की अपार वासनाएँ उठने और डूबने लगीं। बहुत दिनों से प्रियजनों और परिजनों को देखने की लालसा न जाने कहाँ दवी हुई पड़ी थी, आज एकाएक उमड़कर दिन-भर की राह, पल-भर में तय कराने लगी। किन-किन शब्दों से वह अपने वीर योद्धाओं को धन्यवाद देगा, उनकी फिह-रिस्त वहीं से मन-ही-मन तैयार करने लगा। अपनी रानी को चिरकाल बाद जिस सुख-संवाद से वह प्रसन्न करना चाहता है, उसको अच्छी तरह अतिरंजित करके याद करने लगा। किन-किन राज्जों पर घर पहुँचते ही चढ़ाई करनी होगी, कौन-कौन से वीर अभी जीतने को रह गये हैं, सब भूली बातों और भूले नामों को सोचकर याद करने लगा। विष्णु से बदला लेने की बात सबसे पहले याद आयी। पाये हुए वर पर उसने फिर से विचार किया, देखा तो देवताओं के कोठे में विष्णु भी आ जाते हैं। विजय प्राप्त करने के लिए नामों की जो सूची उसने ब्रह्मा के सामने पेश की थी, उसके अनुसार विष्णु तो क्या ब्रह्मा की अब तक की सृष्टि में ऐसा कोई भी जीव नहीं रह गया था, जिसे उसने सोचकर उस सूची में न दर्ज किया हो। अपनी बुद्धि और चतुरता पर चलते-ही-चलते वह फिर मुस्कराया, हौसला और बढ़ गया। साथ ही कदम तेज उठने लगे।

कुछ दिनों की मंजिल पूरी करके एक दिन वह अपनी राजधानी की सीमा पर आ पहुँचा। परन्तु वहाँ से तपस्या के लिए चलते समय जो शोभा वहाँ की उसने देखी थी, अब वह शोभा नहीं रह गयी थी, जैसे प्रचण्ड तुषार-पात से चारों ओर पतझड़ हो गया हो। उसकी जितनी दैत्य-प्रजा थी, सबके चेहरे उतर रहे थे। किसी की आँखों में वह ज्योति न थी, किसी में वह दृढ़ता न थी। सबके सब मानो किसी विषम शोक से मुरझा रहे थे।

मानो कुछ दिन पहले वहाँ प्लेग जैसी किसी भयानक बीमारी का प्रकोप फैल चुका हो। लोग साँस भी लेते हैं तो रुक-रुककर, आपस में कुछ बात-चीत करते हैं तो दबते हृदय से। एक अव्यक्त शंका मानो दिन-रात उन पर सवार रहती है। न कहीं नाच है, न रंग है, न रोशनी है, न सजावट है। न कहीं ब्याह होता है, न कहीं जन्मोत्सव। जितने अखाड़े उसने देखे, सब पर बहुत दिनों से खाली पड़े रहने के कारण घास उग रही थी। कहीं कसरत करता हुआ भी कोई न मिला। धूप में रक्खे रहने के कारण मुग्दर जगह-जगह से चिटक गये थे।

हिरण्यकशिपु को अपनी राजधानी का बाहरी दृश्य देखकर बड़ा दुःख हुआ। किसी से कुछ पूछने की भी हिम्मत नहीं पड़ती थी। पहले का सब हर्ष भय में बदल रहा था। धीरे-धीरे उसके पैर भी थरथराने लगे। आगे को उठते ही न थे। कुछ देर के लिए वह पेड़ की शीतल छाया में बैठकर अपनी राजधानी की अतीत घटना पर विचार करने लगा। परन्तु कल्पना किसी एक परिणाम पर उसे नहीं ले गयी, वह कभी कुछ वतलाती, कभी कुछ और कभी कहती,—'तुम्हारा सेनापति राजद्रोही निकला, उसने तुम्हारा राज्य छीन लिया है।' कल्पना में तरह-तरह के रंग देखकर हिरण्यकशिपु का मस्तिष्क बिगड़ गया। एक विचित्र ढंग की ज्वाला तमाम शरीर से फूट-फूटकर निकलने लगी। उसने बैठे रहने की अपेक्षा अपने किले में चलकर सच्ची घटना मालूम करनी उचित समझी। वहाँ से विचार करता हुआ वह अपने किले की ओर चला।

बाहर से किले को देखकर उसका हृदय दहल गया। नजदीक पहुँचकर उसने देखा, किले का फाटक टूटा पड़ा है। संसार-विजयी राजा-महाराजा, बड़े-बड़े वीर भी जिस राह से गुजरने की कभी हिम्मत नहीं करते थे, आज स्यार और कुत्ते उसी राह से आते-जाते हैं! हिरण्यकशिपु का हृदय इस समय एक बच्चे के हृदय से भी दुर्बल हो रहा था। जिस वीर के आतंक से एक दिन सारी पृथ्वी हिल गयी थी, आज अपने हाथों की सँवारी हुई राज-धानी की यह दशा देखकर वह खुद पग-पग पर काँप रहा है। इस समय न

उसे अपने वर पाने का ध्यान था, न विष्णु के मारने का। राज्य की दुर्दशा देखकर वह खुद अपने को एक महा दुर्दशाग्रस्त भिक्षुक से भी गया-बीता सोच रहा था।

हिरण्यकशिपु किले के अन्दर गया। सबसे पहले वह उस जगह पर पहुँचा, जहाँ उसकी अजेय सेना रहती थी। गारद खाली पड़ी थी। इधर-उधर की दीवारें ढह गयी थीं। चूहों ने कहीं-कहीं खोदकर मिट्टी की राशि लगा रखी थी। ऊपर खम्भों के दराज में चिमगादड़ों ने अड्डा जमा लिया था। जंगली-लताएँ जगह-जगह से दीवार और छत पर चढ़कर फैली हुई खूब लहलहा रही थीं, मानो हिरण्यकशिपु को देखकर सब उससे मजाक कर रही हों। हँस-हँसकर लोट-पोट हो रही थीं। चुपचाप वहाँ से निकल-कर हिरण्यकशिपु अपनी अस्त्रशाला में गया। वहाँ भी यही हाल। अस्त्रों का वहाँ कहीं नाम भी न था। दो-चार टूटी हुई तलवारें इधर-उधर पड़ी थीं। एक को उसने उठा लिया और गौर से बड़ी देर तक देखता रहा। देखते-ही-देखते उसकी आँखों से कई बूँद आँसू टपक पड़े। तलवार के ऊपर की मिट्टी कुछ धुल गयी। उसी की भाषा में तलवार पर कुछ लिखा था। वह पढ़ने लगा। पढ़कर उस तलवार को छाती से लगाकर वह उच्च स्वर से बच्चे की तरह रोने लगा। एक दिन उसके हाथ से इस तलवार ने संसार पर विजय प्राप्त की थी!

कुछ शान्त होकर हिरण्यकशिपु अपने रनवास की तरफ चला। किले के फाटक का दृश्य देखकर ही उसे विश्वास हो गया था कि यह चमन उजड़ गया है। प्रवृत्तिवश वह इसकी नष्ट-श्री देखने के लिए भीतर आया था। रनवास के गगन-चुम्बी कँगूरे ढह गये थे। जहाँ उसकी रानी कयाधू रहा करती थी, आज उस निर्जन भवन में कोई पिशाचिनी वास कर रही है। एक ओर उलूक-दम्पत्ति दिखायी दिये। सबकुछ देखकर हिरण्यकशिपु जड़वत् निश्चल हो गया। वहाँ से हिलने की भी शक्ति उसमें न रही। सिर थामकर एक ओर बैठ कुछ सोचने लगा। सोचने पर भी शान्ति न मिली, और बिना सोचे रहा भी नहीं जाता था। हिरण्यकशिपु की मानसिक अवस्था बड़ी ही

संकटापन्न हो रही थी। कहाँ गये वे सब वीर जो संसार को बात-की-बात में नष्ट-भ्रष्ट कर डालनेवाले थे?—किले की दशा ऐसी क्यों हुई? किसने की? क्या सबके-सब मर गये? खबर देने के लिए क्या एक भी दैत्य न बचा रहा? और रानी? सोचते-सोचते हिरण्यकशिपु को चक्कर आने लगा! एक पग भी चलना दुश्वार हो गया। उसने आँखें बन्द कर लीं। भीतर भी ज्वाला भभक रही थी। बाहर जो कुछ था, वह सब तो जलकर शान्त हो गया, परन्तु हिरण्यकशिपु का अन्तर जल-भुनकर राख हो जाने से बच रहा था, इसीलिए आग वहाँ भी पहुँच चुकी थी, जल रही थी और जला रही थी। हिरण्यकशिपु की प्रकृति मानो उसका सर्वस्व छीनकर, उसे सर्वस्व देने का एक खेल कर रही थी। प्रथम सृष्टि को समूल ध्वंस करके उसकी जगह एक नयी और विचित्र रचना उसे कर दिखाना चाहती थी।

हिरण्यकशिपु को न आँखें बन्द करने पर ज़रा देर विश्राम मिलता था और न खोलने ही पर। आँखें खोलकर उसने सामने से एक वीर को आते हुए देखा। आनेवाले के हाथ में तलवार थी। परन्तु चाल-ढाल में किसी तरह की उद्दण्डता न थी। बल्कि उसकी शिथिल गति उसके शोक की सूचना दे रही थी। हिरण्यकशिपु उसे देखकर उठा नहीं। ज्यों-का-त्यों वहीं बैठा रहा। उसे किसी प्रकार का सन्देह भी नहीं हुआ, न हर्ष ही हुआ। शून्यदृष्टि से वह आगन्तुक की ओर देखता रहा। उस दृष्टि में न कोई आशा थी, न किसी प्रकार का भय। न किसी प्रकार का दबाव था, न कोई आग्रह। एक पत्थर की मूर्ति पर दर्शक की दृष्टि जिस प्रकार पड़ती है, उसी प्रकार आगन्तुक के मुख पर उसकी दृष्टि पड़ी। वह बिलकुल नजदीक आ गया। परन्तु हिरण्यकशिपु ने उसे नहीं पहचाना। उसने हिरण्यकशिपु के पैरों पर अपनी तलवार रख दी और कहा, "दैत्यराज, मैं अपराधी हूँ, मुझे दण्ड दीजिए।" हिरण्यकशिपु ने एक बार सिर से पैर तक उस युवक को देख, उसकी तलवार उठा ली, और कहा, "यह लो तुम्हारा दण्ड हो गया।" युवक ने तलवार ले ली। हिरण्यकशिपु उठकर खड़ा हो गया। युवक उसके गले से लिपटकर रोने लगा। हिरण्यकशिपु के भी आँसू नहीं रुके। भरे हुए गले से उसने कहा, "सेनापति-दैत्यराज"! इससे अधिक और कुछ सेनापति से कहा नहीं गया। कुछ देर तक दोनों मौन रहे।

चतुर्थ परिच्छेद

विजय और प्रह्लाद-जन्म

हिरण्यकशिपु के तपस्या के लिए राज्य से निकल जाने के बाद, राज्य पर जो-जो विपत्तियाँ आयी थीं, जिनका सामना दैत्यों को करना पड़ा था, जिनकी मार न सह सकने के कारण राज्य की यह दशा हुई थी, शुरू से अन्त तक सब हाल सेनापति ने हिरण्यकशिपु को सुनाया। सेनापति ने कहा, "दैत्यराज, दिल का हौसला दिल ही में दबा रह गया। हमारी सेना से देवताओं की सेना दूनी थी। इसीलिए हम कुछ सेना सहायता के लिए बचा-कर रख नहीं सके। देवताओं की सेना काफी संख्या में मदद के लिए रख छोड़ी गयी थी। हमारी थकी सेना पर देवताओं की नयी सेना का आक्रमण हमारी हार का कारण हुआ। नहीं तो हम हरगिज न हारते। महाराज, बड़े दुःख के साथ कहना पड़ता है कि महारानी कयाधू की भी हम लोग रक्षा नहीं कर सके। इन्द्र उन्हें कैद करके साथ ही लेता गया है।"

रानी के कैद हो जाने की बात सुनते ही हिरण्यकशिपु की भौंहें तन गयीं। आँखों में खून उतर आया। मारे क्रोध के उसके होंठ काँपने लगे। देवताओं से बदला लेने और कैद से अपनी रानी को छुड़ाने के लिए वह तत्काल तैयार हो गया। सेनापति से कहा, "सेनापति, हमारी सेना इस समय कहाँ और किस अवस्था में है, क्या तुम उसका कोई पता रखते हो?" सेनापति ने कहा, "महाराज, देवताओं के भय से आपकी सेना जंगलों में इधर-उधर छिपी पड़ी है। सब दैत्य आपके आने की बाट जोह रहे हैं। मैं तो पास ही

के जंगल में छिपा था। रोज एक बार यहाँ छिपकर चक्कर लगा जाता था। हमेशा देवताओं की नजर बचाकर रहना पड़ता है। आज आप आ गये, अब हमें कोई डर नहीं रहा। मैं अभी दैत्यों को खबर पहुँचाता हूँ। आप यहीं रहिए। हाँ, आपके भोजन का पहले कोई प्रबन्ध कर दूँ। दैत्यराज, एक बात आपसे जानने की बड़ी लालसा हो रही है। तपस्या का फल क्या हुआ?"

हिरण्यकशिपु ने कहा, "सेनापति, मेरा मनोरथ सफल हुआ। तीनों लोक में मुझे परास्त करनेवाला, परास्त तो क्या मेरे सामने जरा देर ठहरनेवाला अब कोई नहीं रहा। ब्रह्मा के वर से मैं अमर हो गया हूँ। अमर भी मेरा मुकाबला नहीं कर सकता।"

हिरण्यकशिपु की बात सुनकर सेनापति का सीना गर्व से तन गया। देवताओं को मारने की आशा दृढ़ हो गयी। प्रसन्नता से सेनापति बाहर गाँव की ओर निकल चला। वहाँ किसी के यहाँ से काफी तादाद में मद्य और मांस ले आया। हिरण्यकशिपु के सामने भोजन परोसकर, शराब का प्याला वहीं रखकर, सेना-संग्रह के लिए फिर बाहर निकल गया। हिरण्यकशिपु को बहुत दिनों बाद शराब मिली थी। उसने उठकर शराब पी और वहीं एक ओर पड़कर आराम करने लगा।

इधर सेनापति जंगलों और खोहों में, जहाँ-जहाँ उसे भगे हुए दैत्यों का पता मालूम था, सबको हिरण्यकशिपु के आने का हाल सुनाया गया। उसके वर का समाचार भी उसने दैत्यों को उत्साह भरने की लालसा से कह दिया। बात-की-बात में खबर चारों ओर फैल गयी। फिर क्या था, चारों ओर से 'दैत्यराज हिरण्यकशिपु की जय' यही आवाज गूँजने लगी। देखते-ही-देखते दैत्यपुरी के टूटे हुए फाटक के भीतर दैत्यों की सेना का सागर उमड़ पड़ा।

शोरगुल सुनकर हिरण्यकशिपु महल से नीचे उतर आया। उसके चेहरे पर उस समय अलौकिक आभा छा गयी थी। रह-रहकर उसे अपने पूर्व गौरव की बातें याद आती थीं। जिस अजेय वाहिनी के बल से एक दिन वह ससागरा पृथ्वी का एकछत्र सम्राट् हो सका था, उसकी ओर वह न जाने किस भाव से ताकने लगा। न जाने कितनी दूर उसकी वे सब बातें उसे छोड़कर चली

गयी थीं। मानो वह समुद्र के इस पार खड़ा हुआ उस पार की याद कर रहा है। बीच में अगणित तरंगें, करोड़ों बाधाओं को उठा-ढहा रही थीं। इतना बड़ा परिवर्तन हो गया था। अब वह और उसकी वही विजयी-सेना मौजूद है। हिरण्यकशिपु भाग्य-ललाट के लेख को न मानता था। उसका ध्यान सिर्फ एक बात पर जमता था—अध्यवसाय बल पर। इसी से वह समझता था कि मैं इतना बड़ा त्रिभुवन-विजयी वीर हो सका हूँ। आज अपने दुर्दैव-विनष्ट दैत्यों के बीच में पहला उत्साह उसने अध्यवसाय बल के उच्चारण से प्रकट किया। उसने अपने तमाम वीरों को सम्बोधन करके कहा, "वीर दैत्य सरदारो, मेरे चले जाने पर दैत्यपुरी की क्या दशा हुई, तुम लोग अपनी आँखों देख रहे हो। परन्तु मुझे इसका बिलकुल गम नहीं है। मैं जानता हूँ तुम्हारे अध्यवसाय बल से ही यहाँ की श्रीवृद्धि हुई थी और उसकी रक्षा के न हो सकने का कारण भी तुम्हीं लोग हो। मैं समझता हूँ, अगर तुम लोग चाहोगे तो फिर इसकी वही दशा हो जायगी। मेहनत से संसार में सबकुछ हो सकता है। मुझे राज्य के नष्ट हो जाने का बिलकुल दुःख नहीं है। अगर मुझे दुःख है तो वह दैत्यों के अपमान का है। वीरो, देवताओं ने हमारा बहुत बड़ा अपमान किया है। हमें चाहिए कि हम लोग ब्याजसमेत इस अपमान का बदला चुकायें। अगर हम ऐसा न कर सके,तो कहीं भी मुँह दिखाने लायक न रहेंगे।"

दैत्यों के उस महा समुद्र में क्षुब्ध तरंग की भाँति यह स्वर एक छोर से दूसरे छोर तक बह गया कि, अवश्य बदला लेंगे महाराज, नहीं तो हमारे दैत्य-नाम को धिक्कार है!

अपने वीरों का उत्साह देखकर हिरण्यकशिपु का दिल दूना हो गया। उसने सेनापति को सैन्य-संगठित करने की आज्ञा दी। खुद तैयार होने लगा।

चौगुने उत्साह से इस बार दैत्यों की सेना सज्जित होने लगी। बड़ी-बड़ी आशाएँ उसने हृदय में भर रखी थीं। जिस दिन उनकी पराजय हुई थी, उस दिन से आज तक बदले की कितनी ही लालसाएँ उनके हृदय में पल्लवित हो-

होकर मुरझा गयी थीं, हिरण्यकशिपु की बाट जोहते हुए आज तक कितनी ही उत्सुकताओं को निराशा में बदल जाना पड़ा था। हृदय का उभार हृदय का भार बन गया था। परन्तु आज की सार्थकता में वे सब भावनाएँ सप्राण-सी होकर दैत्य-सेना में स्फूर्ति सञ्चार कर रही थीं। आज अपने विजयी-वीर को प्राप्त कर दैत्य-सेना में अदम्य साहस आ गया था। दैत्यों की विशाल सेना क्षण-भर में देवताओं का नाम-निशान मिटा देना चाहती थी। हिरण्यकशिपु को अपने साथ देखकर दैत्य-सेना में हजारों गुना उत्साह बढ़ गया था। मानो एक साधारण सैनिक भी उस रोज हिरण्यकशिपु हो गया हो।

देवताओं को जब मालूम हुआ कि दैत्य-सेना स्वर्ग-लोक की ओर बढ़ती चली आ रही है, तब उन्होंने इसका उपाय निकालने के लिए अपने सेनापति कार्तिक और जयन्त आदि को बुलाया। आपस में सलाह-मशविरा होने लगा। पहले हर-एक की सम्मति अलग-अलग हुई, एक दूसरे से न मिली। किसी ने कहा हम असंगठित हैं, हम पर एकाएक चढ़ाई हुई है, इसलिए चलो भाग चलें। किसी ने कहा, नहीं, बिना लड़े हुए स्वर्ग का अधिकार कैसे छोड़ दें? किसी ने कहा, कुछ दिनों के लिए सन्धि कर ली जाय तो क्या बुरा है? दैत्य बेवकूफ और गँवार हैं, उनसे मिलकर उन्हें लौटा देना कोई बड़ी बात नहीं है। इसी तरह आपस में बातचीत हो रही थी कि एक सिपाही ने आकर खबर दी कि दैत्यों की सेना फाटक पर आकर डट गयी है, अब फाटक टूटना ही चाहता है, जो उपाय करना हो कीजिए। देवताओं को बहुत जल्द सजकर मैदान में आने के लिए कार्तिक ने आज्ञा दी। परन्तु जब तक देवतागण सजकर तैयार होने लगे, तब तक दैत्या-सेना फाटक तोड़कर स्वर्ग-द्वार के भीतर आ गयी। चारों ओर कुहराम मच गया। देवता अभी सज्जित भी न होने पाये थे। किसी के सिर पर मुकुट नहीं, किसी को कमर कसने का भी समय नहीं मिला। दैत्य-सेना गारद के भीतर घुस गयी। देवताओं को भागने में भी विपत्ति पड़ी। बात-की-बात में सब पराजित हो गये। चारों ओर हिरण्यकशिपु का अधिकार हो गया। नन्दन-कानन, अप्सरा-कुंज, इन्द्रासन, स्वर्ग-राज्य, सब हिरण्यकशिपु का हो गया। देवताओं की अमल-

दारी स्वर्ग से उठ गयी। बेचारों ने भागकर जंगलों में आश्रय लिया। अब स्वर्ग-राज्य में दैत्यराज हिरण्यकशिपु की विजयपताका शीतल-मन्द समीर में लहराने लगी। परन्तु हिरण्यकशिपु के हृदय में विष्णु-वैर की जो प्रचण्ड आग जल रही थी, इस विजय से वह कुछ भी धीमी नहीं पड़ी। बल्कि यह विजय उस आग के लिए घृताहुति का काम कर गयी। उसकी ज्वाला और भी हजारों लपटों के साथ प्रज्वलित हो उठी। प्रतिहिंसा का जहर रोम-रोम से निकलने लगा। हिरण्यकशिपु के लिए क्रोधाग्नि में इस तरह धधक-कर जलने के सिवा और कोई चारा न था। क्योंकि विष्णु उसके लिए एक विषम समस्या उपस्थित कर रहे थे। जिनका न कहीं पता था, न मिलने की कोई उम्मीद। यह सब बहुत सोच-विचारकर हिरण्यकशिपु ने एक निहायत लाजवाब नुस्खा अपने दर्द का आप ही तैयार कर लिया। उसने चारों ओर यह फरमान जारी करवा दिया कि जो कोई राज्य में विष्णु की पूजा करेगा, पूजा तो क्या, उसका नाम भी अगर किसी ने लिया, तो वह अपनी जान की खैर न समझे, उसे तत्काल फाँसी दे दी जायेगी। इस कठोर आज्ञा को सुनकर सारी प्रजा थर्रा गयी। परन्तु राजाज्ञा की अवहेलना करने की शक्ति किसी में न थी। अतः कुछ दिनों तक के लिए विष्णु-पूजा का बाहरी आडम्बर एक तरह से बिलकुल उठ गया। केवल स्मरण मात्र रह गया।

वासव-विजयी वीर हिरण्यकशिपु के दिल में आया कि अब चलकर अपने किले की मरम्मत करायें। राजाओं-महाराजाओं का ख्याल उठने-भर की देर होती है, उसके पूरा होने में जरा भी विलम्ब नहीं होने पाता और फिर हिरण्यकशिपु का ख्याल किसी ऐसे-वैसे राजा का ख्याल न था। उसके जितने सभासद थे, सबने एक स्वर से इस प्रस्ताव का अनुमोदन किया। हिरण्यकशिपु स्वर्ग-राज्य से अपनी राजधानी चला आया और नामी कारी-गरों को बुलाकर अपने किले की मरम्मत कराने लगा। इस बार स्वर्ग-राज्य की सारी बनावट और सजावट वह अपनी आँखों देख आया था, इसलिए प्रतिद्वन्दितावश वह स्वर्ग से बढ़कर अपना किला बनवाने लगा। हिरण्यक-शिपु की विजय के पश्चात् रानी कयाधू, पुरोहित और उसके पुत्र, जितने

सब भाग्य की ताड़ना से तितर-बितर हो गये थे, सब उसके पास आ गये। सबके हृदयों में हिरण्यकशिपु को देखकर अपार आनन्द-सागर तरंगें मारने लगा। मुद्दतों से मुरझाये हुए जीवन-कुंज लहलहे और हरे-भरे हो गये। अपने प्यारे बच्चों को गोद में उठा हिरण्यकशिपु ने बड़े स्नेह से उनकी राजी-खुशी पूछी। पुरोहित से सानन्द मिलकर रानी कयाधू की ओर जब उसने दृष्टि फेरी, तब हृदय हर्ष से उत्फुल्ल हो उठा। चिन्ताएँ दूर हो गयीं, क्षण-भर में मुख पर दूनी रोशनी आ गयी, पतझड़ के बाद जैसे डालियाँ नये कोपल लेती हैं। आशा के कुल कोमल पल्लव रानी को देखते ही मानो बसन्त समीर की सुखद-गोद में झूमने-लहराने लगा। दैत्य-परिवार आज फिर अपने पूर्व-सुख और पूर्व पदवी पर आसीन हो गया। दैत्यराज हिरण्यकशिपु ने सुख से अपनी राजधानी को आबाद किया।

रानी कयाधू चार पुत्र-रत्नों की माता थीं। सबसे बड़े पुत्र का नाम अह्लाद, उससे छोटे का अनुह्लाद, संह्लाद, फिर प्रह्लाद। प्रह्लाद अपने भाइयों में सबसे छोटे थे। प्रह्लाद का जन्म दैत्य-कुल के लिए एक बड़ी विचित्र दुर्घटना हुई। जहाँ तमोगुण की प्रधानता थी, जहाँ सुरा और मांस सबसे उपयोगी भोजन थे, उसी वंश में प्रह्लाद जैसे सदा ही ईश्वर-चिन्तन में लीन रहनेवाले भक्त-शिरोमणि का जन्म होना खासतौर से एक बड़ी विचित्र बात थी। परन्तु परमात्मा की सृष्टि में कहीं-कहीं अनहोनी भी होकर ही रहती है। दैत्य-कुल में प्रह्लाद का जन्म एक ऐसी ही अनहोनी हो गयी थी। परन्तु इसमें भी ईश्वर का एक बहुत बड़ा रहस्य छिपा हुआ था। जिस हिरण्यकशिपु के हृदय में विष्णु-द्वेष एक क्षण के लिए भी नहीं मिटता था, उसी के यहाँ प्रह्लाद जैसे एक परम विष्णु-भक्त का जन्म हुआ, यह दैवी-रहस्य नहीं तो और क्या है ? इसी ढंग से परमात्मा दैत्य-कुल को शिक्षा और सुबुद्धि देना चाहते थे।

बड़ी-बड़ी आत्माएँ जब आती हैं, तब उनके अनेक लक्षण पहले से ही जाहिर होने लगते हैं। बुद्धिमान जन उन लक्षणों से ताड़ जाते हैं कि फल शुभ होगा। प्रह्लाद के जन्म के सम्बन्ध में भी ऐसा ही हुआ। जब ये गर्भ-

वास में थे, तब रानी कयाधू के मुखमण्डल से एक अपूर्व ज्योति निकल रही थी। उसे देखकर ही नारद समझ गये थे कि रानी के गर्भ में जो सन्तान है, उससे स्वर्गीय प्रकाश अवश्य निर्गत होगा। रानी कयाधू उन दिनों अनेक प्रकार की दैवी शक्तियाँ देख रही थीं। कभी वे देखतीं,—स्वप्न में उन्हें घेरकर देवियाँ उनसे वार्तालाप कर रही हैं, कभी देवताओं के दर्शन होते। कभी शीतल सुगन्ध मन्द-मन्द वायु में गूँजती हुई बड़ी ही मधुर ध्वनि, दूर से आती सुन पड़ती, कभी सुर-कन्याएँ उन्हें घेरकर नाच रही हैं। इस तरह के दर्शनों से रानी के मन में अनेक प्रकार की शंकाएँ तरंगें मारने लगी थीं। उन्होंने सोचा, कहीं ऐसा तो न हो कि कोई देवता मेरे गर्भ में जन्म लेने के लिए आया हो। हिरण्यकशिपु से ये बातें कह देने के लिए उनकी इच्छा तो थी, परन्तु उसका क्रूर स्वभाव उनका जाना हुआ था, इसलिए कहते घबराती थीं कि कहीं ऐसा न हो कि दैत्यराज गर्भ ही नष्ट कर देने की आज्ञा दे बैठे। इसी डर से दैत्यराज से उन्होंने अपने स्वप्न-दर्शन आदि की बातें छिपा रखनी ही उचित समझीं। लेकिन दृष्ट्य की शंका किसी तरह हृदय से दूर न होती थी। बल्कि दिन-व-दिन वह बढ़ती ही जाती थी। जब हृदय का बोझ असह्य हो गया, तब छिपाकर उन्होंने कुल-पुरोहित को बुला यह सब हाल उनसे कह दिया और इसका फल जानना चाहा। उन्होंने अमंगल की शंका को निर्मूल कर देने के विचार से ही कुल-पुरोहित से यह सब कहा था। कुल-पुरोहित अजीब ढंग के आदमी थे।

ये रहते तो थे दैत्यकुल के बीच में, परन्तु दैत्यों के दुर्गुण इनमें छू भी न गये थे। कमल के पत्ते पर के पानी की तरह ये उस कुल के पुरोहित होते हुए भी उसके दुर्गुणों से हमेशा बचे रहते थे। यथार्थ ब्राह्मण की तरह से उस वंश की सदा ही मंगल-कामना किया करते थे। और सबसे मजेदार बात तो यह थी कि जिस विष्णु से दैत्यराज का बाँसों बैर था, वही विष्णु इनके पूज्य इष्ट-देवता थे! लेकिन थे ये इतने गहरे कि किसी दैत्य को इनकी थाह न मिलती थी। सबको यही विश्वास था कि हमारी तरह हमारे पुरोहितजी भी विष्णु को कहीं पा जायँ तो, अपने मन्त्र-बल से कच्चा ही

खा जायँ ! इधर पुरोहितजी का यह खयाल था कि बहती लहरों को रोकना मूर्खता है, इसका नतीजा यही होता है कि रोकनेवाले को मुफ्त में उन लहरों के धक्के सहने पड़ते हैं। इसलिए सोचते थे कि जो बह रहा है, उसे तब तक बहने ही देना उचित है, जब तक वह खुद बाहर निकलने की इच्छा नहीं प्रकट करता, इस विचार से वे दैत्यों की इच्छा में कोई दखल न देते थे। इस तरह के विचित्र ढंग के पुरोहितजी ने जब रानी से समाचार सुने, तब मारे आनन्द के अधीर हो गये। उनकी आँखों से आँसू निकल आये। स्वप्न-दर्शन की बातें सुनकर भविष्य-सन्तान के सम्बन्ध में वे बहुत ही सच्चे निश्चय पर पहुँचे। उन्होंने कहा, "आप अपनी सारी चिन्ताएँ दूर कर दें, आपके गर्भ से परमात्मा की एक बहुत बड़ी विभूति प्रकट होगी। इस पुत्र-रत्न से आपका तो मुख उज्ज्वल होगा ही, किन्तु आपका वंश भी कृतार्थ और धन्य हो जायेगा। लेकिन ये बातें आप किसी दूसरे से मत कहें, मैं वार-वार आपसे अनुरोध करता हूँ।" इस तरह रानी को सावधान कर कुल-पुरोहितजी अपने घर चले गये।

समय पूरा होने पर शुभ मुहूर्त में प्रह्लाद का जन्म हुआ। इस समय देवताओं की दाहिनी भुजाएँ फड़क उठीं। देव-पत्नियों के नूपुर अकस्मात् मधुर-ध्वनि से बज उठे। देवताओं के यहाँ सब प्रकार के सकुन एकसाथ दीख पड़े। आसमान बादलों से साफ हो गया। नन्दन-वन में देवताओं के फिर से आने की सूचना-सी होने लगी—देव-वंश के बच्चे-बच्चे के मुख पर एकाएक प्रसन्नता आ विराजी। सब एक प्रकार का अव्यक्त आनन्द अनुभव करने लगे।

दैत्यराज हिरण्यकशिपु यों तो सभी बच्चों को प्यार करते थे, पर प्रह्लाद में न जाने क्या एक विचित्र मोहिनी शक्ति थी। यह बालक इन्हें बहुत ही प्यारा था। इसमें एक ऐसी आकर्षण-शक्ति थी कि इसके पिता-माता ही नहीं, जो कोई देखता वही अपना सर्वस्व निछावर कर देता था, एक क्षण के लिए भी बच्चे पर से नजर हटाने की इच्छा न होती थी, सुन्दर मुखड़ा प्यार भरा, गुलाब के दलों को मात करनेवाले कोमल गाल,—भोले-

पन की हद कर दिखानेवाली भौंहें, सुन्दर गोरा रंग, काले-काले लच्छेदार घुंघराले बाल, हर वक्त होंठों पर लगी हुई मन्द मुस्कराहट। बच्चे की कोमल बाँहों को सस्नेह भरकर हरएक मनुष्य उसे छाती से लगा लेता था। रानी कयाधू तो इसे देखकर मारे आनन्द के सबकुछ भूली रहती थीं। प्रह्लाद में चंचलता छू तक न गयी थी। दूसरे बालकों की तरह वे खेल-कूद में समय न खोते थे। उनकी शिष्टता और स्थिरता बचपन से ही उनकी आकृति और चाल-ढाल से प्रकट होती थी—वे बड़े एकान्तप्रिय थे। दूसरे बच्चों की तरह लड़कों से मिलकर खेलना-कूदना इन्हें बिल्कुल पसन्द न था। ये एकान्त में बैठते। जो कुछ देखते उसी में मुग्ध और तन्मय हो जाते थे। किसने उसको बनाया, वह इतना सुन्दर क्यों हुआ, इस तरह के प्रश्न उसी समय से उनके मन में उठने लगे थे। इस विचित्र सृष्टि का कर्ता कौन है, वह कैसा है, यह जिज्ञासा उस छोटी अवस्था में ही उनके हृदय में बस गयी थी। यह जिज्ञासा दिन-पर-दिन बढ़ती ही गयी। अन्त में यह मन को विकल करने लगी। मन की इसी अवस्था में, शास्त्र कहते हैं कि गुरु के दर्शन होते हैं। प्रह्लाद को भी गुरु के दर्शन हुए। एक दिन उसी रास्ते से नारद चले जा रहे थे। प्रह्लाद विकल नेत्रों से विधाता की रचना देख रहे थे। नारद ने इन्हें देखकर समझ लिया कि बालक अधिकारी है। प्रह्लाद ने भी नारद को देखकर उनसे प्रश्न का उत्तर समझना उचित समझा। प्रह्लाद को विश्वास हो गया कि इस महात्मा से मेरे प्रश्न का उचित उत्तर मिल जायेगा। यही विचार कर जिज्ञासु की तरह उन्होंने मुनिवर से पूछा, "भगवन्, यह सब जो कुछ मैं देख रहा हूँ, क्या है? यह कहाँ से आता है और अन्त में कहाँ जाकर ठहरता है? इसका उद्देश्य क्या है?" नारद ने कहा, "बेटा, इस तरह की जिज्ञासा से तुम इसका भेद न पा सकोगे। भगवान् की इच्छा से ही इस सृष्टि की रचना, स्थिति और नाश होते रहते हैं। तुम उन्हीं की शरण में जाओ, वे तुम्हें इसका अर्थ बतला देंगे। राम-नाम के जाप करने से वे तुम्हें दर्शन भी देंगे। उनसे मिलकर उनके कार्य के सम्बन्ध में उन्हीं से पूछना,

तब सब हाल मालूम हो जायेगा।" यह कहकर नारद चले गये। उनकी बात प्रह्लाद के दिल में बैठ गयी। गुरु ने रुंधे हुए फव्वारे का मुख खोल दिया—प्रवाह बहने लगा। भक्ति के वेग में प्रह्लाद ने अपने शरीर और मन को पमर्पण कर दिया।

पंचम परिच्छेद

बाल्य-काल और गुरुकुल

समय धीरे-धीरे आता है और अनन्त की ओर चला जाता है। वह किसी की प्रतीक्षा नहीं करता, लोग ही उसकी प्रतीक्षा किया करते हैं। जो दुःख में पड़कर समय पार कर रहे हैं, वे सुखकाल की ओर टकटकी लगाये उसकी बाट जोहते रहते हैं। जिनकी चैन की वंशी बज रही है, वे पागल की तरह ईश्वर से मानते हैं कि उनका समय और दीर्घ हो ताकि वे और जी भरकर सुखोपभोग कर लें। इसी तरह बालक की अपूर्णता यौवन की पूर्णता की ओर बढ़कर अन्त में काल के साथ नश्वर स्थावरता की ओर बढ़ जाती है।

बालक प्रह्लाद संसार की इस परिवर्तनशीलता को आश्चर्य-भरी दृष्टि से देखते, मन-ही-मन उसके रहस्य को समझने की कोशिश करते और समझकर अधीर हो जाते। उनकी दृष्टि में किशोर बालक-बालिकाएं पड़तीं, उन्हें धूल में खेलते हुए मग्न देखकर कुछ देर तक वे वहाँ खड़े हुए उनकी तल्लीनता को बड़े गौर से देखते, फिर विचार करते, कभी किसी युवक को अच्छे-अच्छे वस्त्राभूषणों से सजकर सीना तान ऐंठकर चलते देखते तो, प्रश्न-भरी दृष्टि से कुछ देर तक उसकी ओर भी ताकते रहते और एकान्त में बैठकर उसकी मनोभावनाओं पर विचार करते। जब कभी अपनी मृत्यु की ओर तेजी से बढ़नेवाले जराजीर्ण किसी वृद्ध पर उनकी दृष्टि जाती और वे देखते कि उस अस्थि-चर्म मात्र का क्षीण शरीर अपनी अपूर्ण

आशाओं के लिए दिन-रात अपनी आह की आग में झुलस रहा है, तब उन्हें एक बहुत बड़ी शिक्षा मिलती—वे भविष्य की चिन्ता में डूब जाते थे और इससे उन्हें अपार हर्ष होता था। संसार का रहस्य ज्यों-ज्यों गुरु की कृपा से उनकी बुद्धि में विकसित होने लगा, त्यों-त्यों उनके हृदय में वैराग्य की भूमि वन-चुनकर तैयार होने लगी। ये भाव ईश्वर-प्रेम के पौधे को पल्लवित करने में बड़ी सहायता देने लगे।

इस समय प्रह्लाद की उम्र तो पाँच ही साल की थी, परन्तु उन्हें इतनी ही उम्र में सार और असार का ज्ञान हो गया था। वे समझ गये थे कि संसार में जन्म-धारण करने का उद्देश्य क्या है? यह संसार जिसे हम अनेक भावों से भरा-पूरा देखते हैं, क्या है? यहाँ आने पर कोई अमर वस्तु भी मिलती है या नहीं, जितनी चीजें देखने-सुनने और बुद्धि द्वारा समझी जानेवाली हैं, वे नश्वर हैं या अमर। अनेक प्रकार की उलझनों को अपने बाल्य-काल में ही प्रह्लाद में सुलझाने की शक्ति आ गयी थी। वे अवस्था के तो बालक थे, परन्तु बुद्धि के उसी समय प्रौढ़ हो चुके थे। पूर्व-संचित सुकृत-राशि, अपनी सम्पूर्ण विभूतियों के साथ इस बालक के देह से प्रकट हो रही थी।

प्रह्लाद कभी खेलते न थे। अपने साथियों के साथ जाते तो थे, परन्तु जब वे खेलने लगते थे, तब वे वहाँ से न खेलने का कोई बहाना करके एकान्त में बैठ अपनी नित्य की साधना किया करते थे। ईश्वर की कृपा तो वे अपने साथ ही लेकर पैदा हुए थे। इसलिए उनके गुणों का कहना ही क्या है? उस छोटे बालक के भीतर शिष्टाचार, विनय, सरलता, मधुर-भाषिता, निरहंगार, सर्वजन-प्रियता आदि जितने सद्‌गुण हैं, एक साथ ही आ बसे थे। इन सद्‌गुणों के कारण वे अपने दूसरे भाइयों से अपने माता-पिता के अधिक प्यारे थे। हिरण्यकशिपु—प्रह्लाद की ओर ज्यादा खिचाव रहने के कारण अपना निश्छल पुत्र-प्रेम ही समझता था। वह यह नहीं जानता था कि यह पुत्र-प्रेम नहीं, किन्तु यह सद्‌गुणों का आकर्षण है और अन्त तक उसे इन गुणों की ओर खिंचा रहना होगा—चाहे वैर-भाव से ही हो।

अस्तु। एक दिन प्रह्लाद अकारण टहलते हुए पिता के पास आये।

हिरण्यकशिपु ने आदरपूर्वक उन्हें गोद में बैठा लिया। सस्नेह चुम्बन करके देखने लगा। प्रह्लाद शान्तभाव से पिता की गोद में बैठे रहे। इतने शान्त थे कि ज़रा भी हिलते-डोलते न थे। इन दिनों प्रह्लाद की उम्र पाँच वर्ष की थी। शिशुता को पार कर बालपन की आभा आ गयी थी। हिरण्यकशिपु उन्हें गुरुकुल भेजने का विचार करने लगा। उन दिनों उनके तीन लड़के जो प्रह्लाद से बड़े थे, गुरुकुल में ही रहा करते थे।

पहले वर्णाश्रम-विभाग की योग्यता बड़े वैज्ञानिक ढंग से की गयी थी। वर्णाश्रम-धर्म के माननेवाले ब्राह्मणों, क्षत्रियों और वैश्यों के लिए प्रथम जीवन में ब्रह्मचर्य-पालन आवश्यक कर्त्तव्य होता था। इससे किसी बहाने फिसलने का उपाय बच्चे के लिए न रह जाता था, न आजकल के श्रीमान्-श्रीमतियों की तरह सुवर्ण-राशि पर नजरें डालकर बच्चे की शिक्षा से उदासीन रहने की पहले कोई स्वतन्त्रता ही थी। सबको शिक्षा का आवश्यक नियम पालन करना पड़ता था और सब कोई इसे बच्चे के लिए अपना धर्म समझते थे।

हिरण्यकशिपु की उत्पत्ति दैत्यकुल में होने के कारण वह वर्णाश्रम-धर्म से पतित समझा जाता था, क्योंकि उसके गुणों और कर्मों से वर्णाश्रम-विभाग का कोई सम्बन्ध न था। परन्तु गुरुकुल में रहने की प्रथा उसके यहाँ भी प्रचलित थी। उसके तीन लड़के गुरुकुल में रहते भी थे। यह प्रथा ब्राह्मणवंशोद्भाव शुक्राचार्य के वहाँ गुरु के रूप में रहने के कारण ही शायद चली थी। कुछ भी हो, शिक्षा देना और अपनी सन्तान को विचारों से पुष्ट बना देना हरएक शिक्षित समाज अपना पहला कार्य समझता है, चाहे उसके धर्म-कर्म और खान-पान कैसे ही हों।

जिस समय हिरण्यकशिपु को प्रह्लाद की शिक्षा की बात याद आयी, उस समय दैत्यकुल-गुरु शुक्राचार्य घर पर नहीं थे। वे तपस्या करने के लिए हिमालय चले गये थे। महीने-दो-महीने तक हिरण्यकशिपु, गुरु के आने की बाट जोहता रहा। परन्तु और अधिक विलम्ब करने से इधर प्रह्लाद की शिक्षा का समय व्यतीत हुआ जा रहा था। इसलिए वह अधिक देर न

कर सका। उनके सुयोग्यपुत्र—षण्ड और अमर्क के हाथों बालक प्रह्लाद के पढ़ने का भार दे देना निश्चय कर लिया। षण्ड और अमर्क की योग्यता में कोई कसर न थी। पिता की अनुपस्थिति में उनका कुल काम ये बड़ी योग्यता और तत्परता से करते थे। प्रह्लाद के बड़े तीनों भाई इन्हीं के पास रहकर विद्याभ्यास कर रहे थे।

भाइयों के साथ रहकर पढ़ने की बात से प्रह्लाद को विशेष प्रसन्नता नहीं हुई। उनके स्वभाव से इनका स्वभाव नहीं मिलता था। ये स्वभावतः उदासीन रहा करते थे। इनके तीनों भाई क्रीड़ा-कौतुक बहुत पसन्द करते थे। खेल-कूद में वे साधारण बालकों से भी बढ़े-चढ़े थे। यही कारण था कि प्रह्लाद की इनसे पटरी न बैठती थी। ये भी प्रह्लाद को भौंदू समझते थे।

दैवयोग से एक दिन प्रह्लाद माता के पास बैठे हुए थे। एकाएक गुरुकुल की बात उठी। प्रह्लाद के गुरुकुल जाने की बात से रानी कयाधू को बड़ी प्रसन्नता हुई। माता को प्रसन्न देख प्रह्लाद ने पूछा, "माता, वहाँ जाने से क्या होता है?" पुत्र के सरल प्रश्न पर रानी का हृदय स्नेह से भर आया। बच्चे को गोद में उठाकर समझाने लगीं। कहा, "बेटा, विद्या के बिना जीवन का कुछ भी मूल्य नहीं है। मूर्ख और पशुओं में फिर ज्यादा फर्क नहीं है। अपना पेट किसी तरह पशु भी भर लेते हैं, और मूर्ख भी। विद्वान् मनुष्य स्वयं तो ज्ञानी होता ही है, वह दूसरे को भी मार्ग बतलाता है। उससे उसके देश और उसकी जाति का महान् उपकार होता है। बिना विद्या के बुद्धि कभी पूर्णता प्राप्त नहीं कर सकती। और भी बहुत से सद्गुण विद्या से प्राप्त होते हैं। तुम राजा के लड़के हो। तुम्हें बहुत बड़े जन-समुदाय को मार्ग बताना है। यदि तुम विद्वान् न होगे तो बुद्धि के अभाव से तुम राजपद के योग्न न हो सकोगे। शरीर-बल से मस्तिष्क-बल को अधिक महत्त्व दिया गया है। तुम जहाँ पढ़ने के लिए भेजे जा रहे हो, वहाँ तुम्हारे भाई हैं और बहुत-से लड़के और भी हैं। किसी से तकरार न करना। सबको प्यार करना। अपने बड़े भाइयों का सम्मान करना। गुरु की आज्ञा का उल्लंघन कदापि न करना। गुरु जैसा मार्ग बतावें, उसके अनुसार ही कार्य

करना तुम्हारा धर्म है। व्यर्थ अपना समय बरबाद न करना।" रानी ने और भी अनेक प्रकार की शिक्षाएँ प्रह्लाद को दीं।

प्रह्लाद ने अन्तिम वाक्य को बड़े ध्यान से सुना। मन-ही-मन उसे दुहराया भी। 'समय बरबाद न करना।' इस वाक्य से प्रह्लाद का मन बहुत दूर चला गया। उन्होंने माता से कहा, "माँ, क्या सब लोग मुफ्त में ही समय बरबाद नहीं करते? कौन हममें ऐसा है जो समय का सच्चा मूल्य समझता हो? जिन्दगी समय बरबाद करने में ही पार कर दी जाती है—किसका ध्यान इधर होता है? धन-जन इसी तरह की तृष्णा-तृप्ति में समय का सम्पूर्ण अंश कट जाता है। देखो—क्या ऐसा कोई है जिसके समय को कहें कि बरबाद नहीं होता? जिस विद्या के लिए लोग इतनी मेहनत करते हैं, क्या वह विद्या समय की बरबादी करके ही अर्जित नहीं की जाती? अच्छा, उस विद्या से लाभ क्या होता है? जरा मन में विचारो तो आँखों का पर्दा हट जाता है। कोई देवताओं को सताने के लिए नये-नये तरीके इसी विद्या के बल से निकालते हैं, कोई इसके बल पर दूसरों को ठगकर दूसरों की आँखों में धूल झोंककर धनी हो जाने की ताक में रहता है। क्या यही विद्या है? क्या इसी के लिए पिता मुझे गुरुकुल भेज रहे हैं! मैं समझा, बिना इसके शासन करने की कठोर योग्यता मुझमें न आ सकेगी। माता, विद्या का अर्थ तो मेरी समझ में इतना ही आया है।"

आज तक प्रह्लाद के मुख से ऐसी बातें रानी कयाधू ने कभी नहीं सुनी थीं। आज एकाएक इतनी लम्बी और सारगर्भ बहस सुनकर उनके होश उड़ गये। तत्काल पुत्र की अमंगल-शंका सवार हो गयी। वे डरीं कि कहीं दैत्यराज के कानों में प्रह्लाद की ये बातें पड़ीं तो वे एक क्षण भी इसे जीता न छोड़ेंगे। रानी का हृदय पुत्र-स्नेह के कारण इतना दुबला हो गया कि होनी और अनहोनी सब तरह की विपत्तियों को वे प्रह्लाद के ऊपर से गुजरते हुए देखने लगीं। जो-जो बातें प्रह्लाद के गर्भावस्था में रहते समय से सुनती आती थीं, इस समय स्नेह में पड़कर एक तरह भूल-सी गयी थीं। आज प्रह्लाद की बात से चोट खाकर उन्हें उन बातों की याद आने लगी। परन्तु

जिस मार्ग से प्रह्लाद चल रहे थे, उससे उन्हें फेरना सहज काम नहीं था। क्योंकि नारद और अपने पुरोहितजी से रानी ने सुन रक्खा था कि बालक परम धर्मात्मा होगा। जब यह बात याद आयी तब और कुछ न कहकर रानी चुप हो रहीं। मन-ही-मन उन्होंने भी परमात्मा की शरण ली। तब से बच्चे की रक्षा के लिए चुपचाप ईश्वर से प्रार्थना करना उनका पहला कर्तव्य हो गया।

इधर धीरे-धीरे वह दिन भी आ गया, जिस दिन प्रह्लाद को गुरुकुल जाना था। राजद्वार में उस दिन लोगों की अपार भीड़ हुई। कितने ही उनमें सिर्फ तमाशा देखने के लिए आये थे। जो लोग बड़े जेठे थे, वे प्रह्लाद की शुभ-कामना करते हुए आशीर्वाद देते जा रहे थे। उस दिन पहले से ही आतशबाजियाँ छूटनी शुरू हो गयी थीं। गढ़ के अन्दर बड़ी चहल-पहल थी। कहीं नाच-रंग हो रहा था, कहीं पहलवानों का अखाड़ा जम रहा था, कहीं कवायद होती थी, तो कहीं घुड़-दौड़ में सब लोग मग्न थे। दैत्यों की प्रसन्नता का ठिकाना न था। राजपरिवार में तो आनन्द का सागर ही उमड़ रहा था। सब प्रसन्न थे, पर प्रह्लाद के लिए जैसे कहीं कुछ न हो रहा हो! उन्हें समदर्शन की शिक्षा मिली थी। गुरु जो बीज बो गये थे, आज इतने दिनों में वह पल्लवित होकर पुष्पित होने जा रहा था—शीघ्र ही उसमें फल लगनेवाले थे। वह पेड़ इतना मजबूत हो गया था कि इन झोंकों से उसे कोई नुकसान नहीं पहुँचा। वह पूर्ववत् अचल और अटल रहा।

शुभ मुहूर्त आ पहुँचा। पुरोहित मधुर स्वर मे मंगल-स्तोत्र पढ़ने लगे। प्रह्लाद को दधि-मुख करा दैत्य-बालाएँ मण्डप के नीचे ले आयीं। बालक यन्त्र की तरह सबकुछ करता गया। उस मंगल-ध्वनि के मध्य में रानी कयाधू का हृदय रह-रहकर काँप उठता था। वे वार-वार परमेश्वर से अपने प्यारे पुत्र की बाधाओं को दूर करने की प्रार्थना करने लगीं। स्तोत्र-पाठ के पश्चात् पुरोहित की आज्ञा से दैत्यराज हिरण्यकशिपु ने प्रह्लाद को विद्या-ध्ययन के लिए षण्ड और अमर्क के हाथों सौंप दिया।

यद्यपि राज-वंश का शिक्षाक्रम षण्ड और अमर्क को मालूम था, फिर

भी उन्हें एक वार और सचेत कर देने के लिए हिरण्यकशिपु ने एकान्त में बुलाकर कहा, "आपसे ज्यादा कुछ कहना व्यर्थ है। आप जानते हैं दैत्य-कुल के लिए किस तरह की शिक्षा उपयोगी समझी जाती है। फिर भी आपको एक वार और याद दिलाता हूँ। जिस शिक्षा से प्रह्लाद अपने भाइयों की तरह विष्णु द्वेषी हो, देवताओं को अपना परम शत्रु समझे, और विष्णु और वैष्णवों के नाश का विचार आजीवन इसके हृदय में भरा रहे, आप ऐसी ही शिक्षा इसे दीजियेगा।"

षष्ठ परिच्छेद

प्रह्लाद की शिक्षा

गुरु बड़ी प्रसन्नता से प्रह्लाद को ले गये थे। बालक की सहज-सुन्दर-श्री और भाव भरा मुखड़ा देखकर उन्हें विश्वास हो गया था कि यह अपने दूसरे भाइयों से पढ़ने-लिखने में तेज होगा। साथ ही प्रह्लाद के भविष्य पर और भी अनेक तरह की कल्पनाएँ वे करते गये थे।

गुरुकुल पहुँचकर नजर उठा प्रह्लाद ने पहले उस तृण के बने आश्रम को देखा, बड़ा अच्छा लगा। आँखें शान्त हो गयीं। हृदय में दिव्य भावना भर गयी। एक अव्यक्त आनन्द, आत्मा को अधीर करने लगा, मन न जाने कहाँ, किस दूर-देश की ओर उड़ जाने के लिए व्याकुल हो उठा। फिर उन्होंने विद्यार्थियों की ओर दृष्टि फेरी। उनमें कितने ही उनके जान-पहचान के भी थे। उनके भाई भी वहीं बैठे पढ़ रहे थे। बड़े श्रद्धाभाव से बढ़कर प्रह्लाद ने उनके पैर छुए। उठकर उन्होंने प्रह्लाद को गले से लगा लिया। उनके पास ही एक ओर प्रह्लाद को भी बैठने की जगह मिली। शान्तिचित्त से प्रह्लाद अपने आसन पर बैठ गये। लड़कों को उन्हें देखकर बड़ा आनन्द हुआ। उनमें काई तो उनकी ओर इशारे से अपना आनन्द सूचित करने लगा और कोई पाटी दिखाने के बहाने उठकर दबी आबाज में कुशल पूछने लगा। किसी ढीठ लड़के ने कानों तक लपककर 'आ गये!' की श्रुति-मधुर-ध्वनि की। प्रह्लाद चुपचाप सिर झुकाये अपने आसन पर बैठे रहे। लड़कों ने समझा, अभी आज तो ये चले आ रहे हैं, एक दिन में दृढ़ता कैसे

आ सकती है? धीरे-धीरे ये भी हमारी तरह गुरुजी को धोखा देना सीख जायेंगे।

गुरु ने कुछ लिखने-लिखाने से पहले गुरुकुल की जबानी शिक्षा देनी उचित समझी। उन्होंने प्रह्लाद से कहा, "बेटा, आज से तुम्हारा दूसरा जीवन शुरू होता है। आज तक तुम सुख से अपनी माता और पिता की गोद के खिलौने थे। तुम्हें भोजन-पान और खेलने के सिवा वहाँ और कुछ नहीं करना पड़ता था, तुम कुछ करने लायक थे भी नहीं, अब तक तुम्हारी दूसरी ही अवस्था थी। आज तक जिस तरह तुमने अपने माता-पिता का कहना माना है, अब वैसे ही तुम्हें यहाँ का अनुशासन मानकर चलना पड़ेगा। इससे यह फल होगा कि यहाँ की अच्छी आदतें जब तुम्हारे स्वभाव में बदल जायेंगी, तब उनके करने-कराने के लिए तुम्हें फिर इतनी मिहनत न करनी पड़ेगी—तब वे आप-ही-आप तुमसे होती रहेंगी। इसलिए पहले से तुम्हें सावधान हो जाना चाहिए, ताकि यहाँ के आचरणों के प्रतिकूल कोई कार्य न हो। दूसरी बात यह कि घर पर तुम्हारे बहुत से सेवक हैं, लेकिन यहाँ अपना कुल कार्य तुम्हें ही करना होगा। अभी कठोर कार्य तुमसे न लिया जायगा, किन्तु फिर भी छोटी-छोटी आवश्यकताएँ खुद तुम्हीं से पूरी होनी चाहिए। तीसरी बात यह कि तुम यहाँ कभी यह घमण्ड न कर सकोगे कि तुम राजा के लड़के हो। यहाँ जितने लड़के हैं, सबका बराबर आसन है। सम्मान की दृष्टि से बड़ा वह है, जिसने अध्ययन अधिक किया है। तुम्हें सदा ही उसका अदब करना चाहिए। इस तरह से तुम स्वावलम्बी हो सकोगे। दूसरे जबकि तुम्हें एक दिन राज्य का भार सँभालना है, तो यहाँ साधारण रीति से जीवन बिताने के कारण तुम अपनी प्रजा के दुःखों का अनुभव कर सकोगे। और भी हम तुम्हें बहुत-सी जबानी शिक्षा देंगे, लेकिन आज इतना ही बहुत है।"

प्रह्लाद मौन धारण किये उसके अनुशासनों को सुन रहे थे। तीसरी आज्ञा उन्हें भायी। राजा और रंक ही आसन पर बैठकर ज्ञानार्जन करते हैं, समता के इस भाव से समदर्शी बालक का मुख प्रफुल्लित हो उठा।

इधर प्रह्लाद के लिखने के लिए गुरु ने पाटी पर 'क' लिखकर प्रह्लाद को पाटी पकड़ा दी और कहा, "बेटा, कहो—'क'। प्रह्लाद ने हाथ में पाटी ले ली। एक दृष्टि से उस अक्षर को देखने लगे। 'क' सुनकर हृदय का दबा हुआ भाव उबल पड़ा। आँखों से बड़े-बड़े आँसू बह चले। कपोलों को सिक्त करके आँसुओं की अनर्गल धारा पाटी पर गिरने लगी। गुरु का बनाया 'क' उन पवित्र आँसुओं से धुलकर साफ हो गया। प्रह्लाद को 'क' का नाम सुनते ही परम प्यारे कृष्ण की याद आ गयी थी। उस अक्षर में कृष्ण-नाम की ध्वनि छिपी हुई है, यह सोचते ही प्रह्लाद की भाव-राशि पहाड़ के दबे झरने की तरह एकाएक खुल पड़ी और एक तिनके की तरह उन्हें अपने उद्दाम स्रोत में बहा ले गयी। प्रह्लाद की यह हालत देखकर उनके गुरुओं, भाइयों और साथ के दूसरे विद्यार्थियों को बड़ा आश्चर्य हुआ। सबके सब विस्मित नेत्रों से उनकी ओर ताकने लगे।

आचार्यों ने समझा, अभी नादान बच्चा है, माँ की याद आ गयी होगी, इसीलिए रोने लगा है, धीरे-धीरे जब यहाँ के लड़कों में अच्छी तरह हिल-मिल जायगा, तब इस तरह रोकर आँसुओं की गंगा न बहायेगा। लड़कों ने सोचा, लो हो गया, जब पहले ही दिन इनकी नानी मर गयीं, तब तो पढ़-लिखके ये पक्के पण्डित हो चुके! अब तो जिन्दगी-भर के 'काला अक्षर भैंस बराबर' चरितार्थ होगा। भाइयों ने सोचा, बड़ा बुद्धू है, खेल-कूद से जिस तरह जी चुराता था, उसी तरह अब पढ़ने-लिखने से भी हाथ सिकोड़ना चाहता है। इसी के लिए पिताजी को बड़ी-बड़ी आशाएँ होती हैं। 'होनहार बिरवान के होत हैं चिकने पात' जो वे अक्सर कहा करते हैं सो इसका इम्तहान आज हमें पूरा मिल गया—कैसे चिकने पात हैं कि—देखते ही घोंघा बन गये और लगे फूट-फूटकर रोने!

इस तरह वहाँ जितने विद्यार्थी थे, प्रह्लाद की तरफ से सबके मन में बुरे खयाल पैदा हो गये कि पढ़ना-लिखना इनसे कहीं कुछ न होगा। इनकी इतनी तारीफ सब वाहियात थी। लेकिन आचार्यों का मन अभी इतना न गिरा था। वे इस रोने का अर्थ ही कुछ और लगाते थे। प्रह्लाद को वे

समझाने लगे, "बेटा, रोते क्यों हो ? यहाँ तुम्हारे बड़े भाई भी तो हैं। देखो, वे किस तरह दिल लगाकर पढ़ते हैं। अभी से अगर अच्छी तरह पढ़-लिख न लोगे तो आगे फिर इस हरकत के लिए तुम्हें अफसोस होगा। तुम्हारे भाई तुमसे बढ़कर विद्वान हो जायँगे तो तुम उनसे आँखें भी न मिला सकोगे। राज्य के काम में फिर तुम्हें कोई न पूछेगा। इसलिए अभी से दिल लगाकर मेहनत करो। बिना विद्या के मनुष्य का जीवन ही व्यर्थ है।" इस तरह आचार्यों ने बहुत समझाया, प्रह्लाद का जी अक्षरों की ओर ले जाने के लिए उन्होंने हर उपाय किया, पर फल कहीं कुछ न हुआ। 'क' की ओर टकटकी लगाये ताकते हुए प्रह्लाद ने उच्च-स्वर से 'जय कृष्ण' 'जय कृष्ण' की रट लगा दी।

अब तो आचार्यों के होश उड़ गये। उन्हें इतना आश्चर्य अपने जीवन में कभी न हुआ था। लड़कों को भी लिखना-पढ़ना बन्द करके बड़ी देर तक मनोरंजन करने का एक खास विषय मिल गया। सबके सब पुस्तकें बन्द करके बेवकूफ की तरह मुँह बाये और आँखें फाड़े हुए कभी प्रह्लाद की ओर देखते, कभी आचार्यों की ओर। पहले तो आचार्यों को आश्चर्य हुआ, फिर वह क्रोध में बदल गया। परन्तु पहले ही दिन प्रह्लाद को बेंत के बल पर समझाना उन लोगों ने अनुचित समझा। इसलिए प्रहार करने को बिलकुल तैयार होकर भी पीछे से सँभल गये।

बहुत तरह से समझाया, लेकिन प्रह्लाद पर उस ज्ञान का कुछ भी असर न पड़ा। जिस ज्ञान का दीपक उनके हृदयों में जल रहा था, उसके प्रकाश में उन्होंने और जितने प्रकाश देखे, सब मन्द पड़ते हुए दिखायी दिये। इसलिए उनका हृदय नहीं माना। वह पहले ही के प्रकाश में मुग्ध रहे। आचार्यों ने प्रह्लाद को समझाने की एक बड़ी सुन्दर युक्ति निकाली थी। उन्होंने कहा, —अगर तुम्हें देव-पूजा करनी ही है तो विष्णु को छोड़कर शिव की उपासना करो, तुम्हारे वंश में इन्हीं की पूजा प्रचलित है, ये विष्णु से किसी प्रकार कम शक्तिवाले नहीं समझे जाते। लेकिन आचार्यों के युक्तिपूर्ण तर्क भी प्रह्लाद के हृदय के आगे परास्त हो गये। प्रह्लाद के हृदय ने कहा, प्यार कभी

योग्य और अयोग्य की जाँच नहीं करता। यह तो उसका स्वभाव ही नहीं है। वह जिसे प्यार करता है, उसमें उसे सब गुण ही दीख पड़ते हैं—चाहे वे हों या न हों। दूसरे सच्चा प्यार कभी बदले में कुछ प्राप्ति की आशा नहीं रखता। यह बनियापन सच्चे प्यार में तो होता ही नहीं। अगर विष्णु को हृदय चाहता है और अपनी सम्पूर्ण पूजा बिना किसी प्रार्थना के वह उन्हीं के चरणों पर उत्सर्ग कर देना पसन्द करता है, तो उसके सामने शिव या किसी दूसरे देव को लाकर खड़ा करना, उसे प्रतिकूल आचरण करने की शिक्षा देना है, जिससे बढ़कर पाप और दूसरा हो ही नहीं सकता। सच्चा हृदय कभी प्रतिकूल-पथ से होकर नहीं चल सकता। प्रह्लाद भी विष्णु को छोड़कर शिव की उपासना नहीं कर सके।

वह पहला ही दिन था, इसलिए आचार्यों ने उस दिन खामोश रहना ही उचित समझा। वे दूसरे उपायों की तलाश करने लगे, जिससे प्रह्लाद के हृदय का लिखना-पढ़ना बस 'क' की परिधि में पड़कर घिरा ही रह गया—फिर बहुत कुछ जोर लगाने पर भी वहाँ से आगे नहीं बढ़ा। इधर ज्यों-ज्यों समय बीतने लगा, त्यों-त्यों आचार्यों के मन में तरह-तरह की शंकाएँ धावा मारने लगीं। राजा हिरण्यकशिपु की तरफ से उन्हें भय होने लगा कि अगर प्रह्लाद की पढ़ाई के सम्बन्ध में राजा पूछेंगे तो, हम क्या उत्तर देंगे। उनकी यह शंका उत्तरोत्तर बढ़ती ही गयी।

इधर प्रह्लाद के मन में किसी तरह का परिवर्तन न हुआ। बल्कि उनका अनुराग और बढ़ता ही गया। गुरुओं ने उन्हें मार की धमकी दी, राजा से कहकर सज़ा दिलाने को डरवाया, परन्तु प्रह्लाद ने इनकी ज़रा भी परवा नहीं की। वे पूर्ववत् ही निश्चिन्त रहे। बल्कि एक ओर से भय और बाधाएँ ज्यों-ज्यों भक्ति-बन्धन को शिथिल करने के लिए आने लगीं, त्यों-त्यों प्रह्लाद की अन्तरात्मा में न जाने कहाँ से आत्मबल और दृढ़ विश्वास, आकर उन्हें आश्वासन देने लगे। इन्हें इस बीच में अपने भीतर ही अपने बचाव का उपाय सूझ जाता। हृदय मौन स्वर से कहता, डरते क्यों हो? ये सब बाधाएँ तुम्हें सफल करने के लिए ही आ रही हैं—इनसे घबराओ मत

—इन्हें पार करना है—उनके दर्शन तुम तभी प्राप्त कर सकोगे। हृदय की बातों पर प्रह्लाद मुग्ध हो जाते। इतनी सुन्दर सार-गर्भ बातें बाहर किसी के मुख से उन्हें नहीं सुनने को मिलीं। इसलिए इस संकेत को वे किसी तरह नहीं छोड़ सके। गुरुओं की आज्ञा और पिता का भय कुछ भी इन्हें विचलित नहीं कर सका।

पाठशाला में प्रह्लाद का समय एक तरह से ईश्वर-चिन्तन में ही व्यतीत होता था। अक्षर-ज्ञान तो 'क' से हल हो गया। रही समय पार करने की बात सो मुफ्त की चिन्ता में या खेल-कूद कर समय की सफाई करने में प्रह्लाद पहले से ही निपुण न थे। इसलिए वहाँ का अधिकांश समय ईश्वर-चिन्तन में ही बीतने लगा। मन-ही-मन भगवान् का स्मरण करते-करते प्रह्लाद के मनोभाव बहुत जल्द बदल गये। नारद ने उनके हृदय में जो भक्ति-बीज बोया था, अब वह फलने के लिए तैयार हो गया,—अंकुर, पल्लव, पुष्प, आदि की पहली दशाएँ तो क्रमशः बहुत शीघ्र वह पार कर चुका था। साधना अब सिद्धि पर पहुँचनेवाली थी। मानो आँसुओं के सिञ्चन से, प्रह्लाद अपने अभीष्ट देव का मार्ग सदा ही शीतल रखने लगे। देर बस उनके आने-भर की थी।

प्रह्लाद की यह हालत उनके लिए तो हिरण्यकशिपु की ओर से खतरनाक थी ही, किन्तु धीरे-धीरे लड़कों के लिए भी वह भयानक हो उठी। प्रह्लाद के संग-प्रभाव से लड़के भी वैसे ही होने लगे। उन दिनों प्रह्लाद की आकृति और प्रकृति में कुछ ऐसा आकर्षण आ गया था कि कोमल प्रकृति के बच्चों का तो कहना ही क्या, बड़े-बूढ़े घोर संसारी मनुष्यों की अन्तरात्मा भी उन्हें देखकर हिल जाती थी—वह एक दूसरे देश की बातें सोचकर मन्त्रमुग्ध भुजंग की तरह अपना जहरीला स्वभाव भूलकर उस अपूर्व सुन्दर रूप की ओर एकटक ताकती ही रह जाती थी। अस्तु। प्रह्लाद के भावों के बीज बालकों में भी संचरित होने लगे। कम-से-कम जो बालक स्वभाव के कुछ अच्छे थे, वे ही बहुत जल्द प्रह्लाद के भावावेश में मुग्ध हो गये—वे दिल से प्रह्लाद को प्यार करने लगे। कुछ लड़के एसे भी थे जो प्रह्लाद से

दिल्लगी-मजाक किया करते थे। परन्तु प्रह्लाद की तरफ से जो शान्तिपूर्ण मौन के सिवा कोई करारा उत्तर न मिलता था, इस तरह चपत के जवाब में घूसा न पाने के कारण उग्र बालकों को भी एक खास तरह का आनन्द मिलता था, जो उन्हें जवाब मिलने पर न मिलता। इससे उनकी अन्तरात्मा भी प्रह्लाद की ओर खिचने लगी थी।

एक दिन बालकों को बिलकुल एकान्त मिला। बकनेवाला आश्रम में कोई न रह गया। षण्ड और अमर्क दोनों किसी काम से बाहर निकल गये। जब एकान्त मिला, तब चुलबुले लड़के खेलने के लिए तैयार हो गये। कुछ तो आनन्द की उमंग में वहीं थिरकने लगे, कुछ दौड़ते हुए आश्रम के बाहर मैदान में निकल गये और वहीं मनमाना खेल शुरू कर दिया। कुछ लड़के चुपचाप प्रह्लाद के पास बैठे रहे। उनकी भोलीभाली शान्त-मूर्ति को ध्यान से देखने लगे। एक लड़के को प्रह्लाद से कुछ पूछने का बड़ा आग्रह हुआ। उसने सोचा, मैं आज कई दिन से प्रह्लाद को इसी तरह चुपचाप बैठे सोचते हुए देखता हूँ, लेकिन समझ में नहीं आता कि यह क्या सोचता रहता है? अगर यह कोई अच्छी बात सोचता है तो इससे क्यों न पूछूं?—बुरा क्या है? इसकी उतसुकता आज कई दिनों से उत्तरोत्तर बढ़ती ही जा रही थी। आज वह पूछने पर बिलकुल तुल गया। प्रह्लाद के पास पहुँच, बड़े मीठे स्वर में उसने पूछा, "क्यों भाई, तुम चुपचाप बैठे क्या सोचते रहते हो, कुछ हमें भी बताओ, तुम्हारी यह हालत देखकर दिल में न जाने क्यों दर्द होता है।" बड़े ही नम्र और मधुर शब्दों में प्रह्लाद ने कहा, "भाई, मेरे लिए दुःख न करो। मुझे किसी प्रकार का कष्ट नहीं है। बल्कि मुझे राम-कृपा से परमानन्द की प्राप्ति हुई है। इस नश्वर संसार में सुख और दुःख दोनों ही मनुष्यों को भुलावे में डालकर एक मूल्यवान वस्तु से सदा के लिए जुदा कर रखनेवाले हैं। इसलिए इन दोनों का परिहार करना चाहिए। मुझे तो यही शिक्षा मिली है और इसी साधना में मैं अपना जीवन लगा दूंगा।"

प्रह्लाद की बातों में इतनी सहानुभूति थी कि बालकों के कोमल हृदय उन बातों से द्रवीभूत हो गये। इससे उन्हें थोड़ी देर के लिए एक प्रकार की

शान्ति भी मिली। ऐसी शान्ति इतने दिनों तक उन्हें और कभी कहीं नहीं मिली थी। व्याकरण के सूत्रों में तो यह रस था ही नहीं, उन्हें माता-पिता के स्नेह-शब्दों में भी इतना आनन्द और इतना अपनापन नहीं मिला था। सब बालकों को प्रह्लाद के साथ इस प्रसंग पर ज्यादा कुछ वार्तालाप करने का आग्रह हुआ। एक दूसरे ने पूछा, "अच्छा भाई, तुम्हारे राम कैसे हैं? कहाँ रहते हैं? वे तुमसे कब मिलते हैं? ज़रा हमें भी बताओ तो हम भी उनसे मिलने की कोशिश करें। उनसे मिलते हो तो तुम्हें क्या मिलता है?"

बालकों के प्रश्न पर प्रह्लाद को हँसी आ गयी। कोमल अधरों पर क्षणिक मुस्कुराहट की तरल रेखाएँ खिचकर वहीं शान्त हो गयीं। प्रह्लाद ने कहा, "मित्रो, इन आँखों से वे नहीं दीख पड़ते। उन्हें देखने के लिए प्रेम की आँखें होनी चाहिएँ। इस दृष्टि से तो संसार ही दीख पड़ता है। अगर उन्हें देखने की लालसा है तो पहले प्रेमपूर्वक उन्हें पुकारना चाहिए। जब उन्हें पुकारते-पुकारते अन्तर का मल धुल जाता है, तब उस पवित्र अन्तरात्मा में उनके दर्शन होते हैं। कलुषित आत्मा में उनका बिम्ब नहीं पड़ता। और उनके रूप का क्या कहना! वे कोटि-सूर्य से भी अधिक प्रकाशवान हैं, परन्तु उनका प्रकाश दग्ध करनेवाला नहीं, वह आत्मा की सम्पूर्ण ज्वाला प्रशमित कर देता है। उनके रहने का स्थान भला कहाँ बताऊँ कि अमुक स्थान पर रहते हैं और अमुक स्थान पर नहीं। वे सर्वव्यापी हैं, सब जगह रहते हैं। परन्तु भक्तों के हृदय को ही उनका खास मन्दिर समझना चाहिए। तुमने जो पूछा कि वे कब मिलते हैं, सो मिलने के लिए उनकी तरफ से कोई वक्त थोड़े ही है? जब कभी सच्चे हृदय से कोई उन्हें पुकारता है, तब वे तत्काल उसे आकर दर्शन देते हैं, वे सर्वव्यापी हैं, जब चाहते हैं प्रकट हो जाते हैं और जब चाहते हैं अन्तर्धान हो जाते हैं। तुम अगर उनसे मिलना चाहते हो, तो लगन लगाकर शुद्ध और निश्चल भाव से उन्हें पुकारो, वे जरूर तुम्हें दर्शन देंगे।"

प्रह्लाद की बातें बालकों पर जादू का काम कर गयीं। सब स्तब्ध और निश्चेष्ट से होकर प्रह्लाद की ओर ताकने लगे। सीधी सरल बातों का प्रभाव

उन पर इतना पड़ा कि उन्होंने इन वाक्यों को अक्षर-अक्षर सत्य मान लिया। तुलनात्मक दृष्टि से जाँच करने के लिए उनके मन में वार-वार उस समय दो विषय क्रमशः आते जाते थे और उन्हीं दोनों की मधुरता परखने के लिए उस समय उनके मन में गम्भीर गवेषणा चल रही थी। इन दो विषयों में एक तो था व्याकरण-सूत्र और दूसरा प्रह्लाद की बातों का सत्य। इन दोनों में पिछला ही उन्हें ज्यादा जँचा। व्याकरण के सूत्रों की अष्टावक्र-मूर्ति और उन पर श्रीगुरुदेव की विस्तृत व्याख्या की बालकों को याद आने के साथ ही एक बेहोशी की हालत हो जाती थी, लेकिन सरस्वती के इन बालक-भक्तों को अक्षर पढ़ाने से पहले वाणी-भवानी की जैसी भक्ति दिखलायी गयी थी, संस्कार-वश इन्हें देवी के तिरस्कार करने की हिम्मत न होती थी, सूत्रों के दुर्जेय दुर्ग के भीतर न बैठ सकने का कारण ये अपनी ही दुर्बलता समझते थे। लेकिन आज एक नयी बात पर बिना मत्थामारी किये ही प्रवेश-पथ मुक्त-सा दीख पड़ा, दिमाग को ज्यादा मेहनत नहीं पड़ी, बुद्धि ने कहा, "हाँ, यह बहुत अच्छा है—इस रास्ते से हमें चलने में कोई दिक्कत न होगी," तब लाचार होकर उन्हें अपने संस्कारों के खिलाफ मैदान में उतरने की इच्छा हुई। गुरुदेव की टीका से प्रह्लाद की वाणी में अधिक मधुरता मिली—गुरुदेव से प्रह्लाद अधिक सहृदय जँचे। बस, कुछ बागी-बालकों ने निश्चय कर लिया कि अब व्याकरण के सूत्रों को आज ही से नमस्कार है और प्रह्लाद जो कुछ कहेंगे वही स्वीकार है।

पाठशाला में प्रह्लाद का एक दल तैयार हो गया। सबके मन में प्रह्लाद की बात बैठ गयी। सबने समझा, संसार नश्वर है। आज है, कल नहीं, इससे बाहर निकलना ही जीवों का मुख्य कर्तव्य है। इस विचार से लिखना-पढ़ना छोड़कर सब-के-सब प्रह्लाद के साथ राम-नाम कीर्तन करने लगे। खूब जोर-शोर से कीर्तन चल रहा था कि बाहर से षण्ड और अमर्क भी आ गये। शिष्यों की यह पराकाष्ठा को पहुँची हुई भक्ति देखकर उनके तो देवता ही कूच कर गये। डरे कि अब बेमौत मरना पड़ा। हिरण्यकशिपु जैसा विष्णु-द्वेषी है, वह गुरु और ब्राह्मण का विचार हरगिज न करेगा—सुना नहीं कि

जल्लादों के सुपुर्द किया! आचार्य दोनों इतना डरे कि वहाँ ज़रा देर भी नहीं ठहरे—न किसी को कुछ कहा,—सीधी राह राज-दरबार की पकड़ी।

बड़े रोब-दाब से अपने सामन्त-सरदारों के बीच में ऊँचे सिंहासन पर महाराज हिरण्यकशिपु दरबार कर रहा था। उसी समय आचार्यों के पहुँचने की खबर भेजी गयी। आचार्यों के आने का कोई खास कारण होगा, इसलिए उन्हें दरबार में बुलाना उचित नहीं, यहाँ से चलकर एकान्त में मिलना ही ठीक होगा, यह सोचकर उस दिन के लिए महाराज हिरण्यकशिपु ने दरबार बरखास्त किया। उठकर महल के भीतर चला गया और वहीं से षण्ड और अमर्क को बुला भेजा।

गुरु-पुत्रों को देख, उठकर उन्हें सम्मानपूर्वक आसन दे हिरण्यकशिपु ने आग्रह-भरी दृष्टि से उनके आने का कारण पूछा। पहले तो इन्हें इतना भय हुआ था कि जैसे बिना कुछ सुने ही राजा फाँसी पर चढ़ा देगा। परन्तु जब सभ्यता और आदर-सत्कार में कोई त्रुटि न देखी, तब बहुत कुछ दिल को भरोसा हुआ—ज़रा दम लेकर कुछ कहने की इच्छा भी हुई—अब तक तो हृत्पिण्ड का काँपना जितना द्रुत होता जा रहा था, जिह्वा को उतनी ही जडता आकर जकड़ती जा रही थी। खैर, कुछ स्वस्थ होकर षण्ड ने शुरू से आखिर तक का प्रह्लाद का हिरण्यकशिपु को सारा हाल कह सुनाया कि किस तरह 'क' देखते ही प्रह्लाद की आँखों से आँसुओं की धारा बह चली थी, कारण पूछने पर उन्होंने क्या कहा था, श्रीशंकर की पूजा पर उनका क्या भाव था, उनके साथ बालकों का क्या हाल है—आदि-आदि।

पहले-पहल प्रह्लाद के विरोध में इतनी बड़ी बात सुनकर हिरण्यकशिपु उस पर विश्वास नहीं कर सका। राज-धर्म के अनुसार एक तो किसी की बात पर बिना प्रमाण के विश्वास करना उसका स्वभाव ही न था, दूसरे यह अभियोग जिसके विरोध में आया था, उसे वह पहले से बहुत अच्छा और यहाँ तक कि दैत्य-कुल के लिए गौरव समझता था। अस्तु, उसने प्रह्लाद को बुलाने की आज्ञा दी। दूत बात-की-बात में पाठशाला से प्रह्लाद को ले

आया। देखते ही हिरण्यकशिपु का हृदय पूर्णचन्द्र के दर्शन से समुद्र की तरह उच्छ्वासित हो उठा। उसने प्रह्लाद को स्नेहपूर्वक अपनी विशाल बाँहों के अन्दर छिपा लिया। प्रह्लाद की शान्त-शीतल मूर्ति के स्पर्श से कुछ काल के लिए उसके हृदय का क्रोध-भार हलका पड़ गया—शान्ति के क्षणिक आनन्द में पलकें मूँदकर वह अपने पुत्र-स्नेह का अनुभव करने लगा।

परन्तु वह स्नेह हृदय में अधिक समय तक स्थायी न रह सका। विष्णु की याद आयी—नस-नस में शत्रुता का जहर फैल गया। भाई की मृत्यु अभी आज की ही घटना-सी जान पड़ी और उसको मारनेवाला वह परम शत्रु अभी तक जीवित है। इतना याद आते ही हिरण्यकशिपु को पुत्र-स्नेह भूल गया—प्रतिहिंसा की हजारों जहरीली लहरें एक साथ ही उठीं और उसे अपने ज्वालामय गर्भ में बहा ले गयीं। शत्रु से बदला लेने के लिए स्त्री, पुत्र, परिवार और अपने तक को मृत्यु के हाथों सौंप देना उसे तुच्छ-सा मालूम होने लगा। उस समय उसकी दृष्टि में सबसे प्यारा 'बदला' था, जिसे प्राप्त करने की सम्भावना मात्र के सामने त्रिलोक की कोई भी वस्तु उसके लिए अदेय नहीं हो रही थी।

इतने पर भी हिरण्यकशिपु विवश नहीं हो गया। नीति का वह प्रचण्ड पण्डित था, वह नीति भी उसी के लिए थी। खैर, उसने प्रह्लाद से बड़े ही मधुर स्वर में पूछा, "क्यों बेटा, आज कई दिन तुमको गुरुकुल में रहते हो गये। भला बताओ तो, वहाँ रहकर अब तक तुमने क्या सीखा है?"

इतना कहकर परीक्षा की दृष्टि से हिरण्यकशिपु प्रह्लाद के भावों की परीक्षा लेने लगा। परन्तु उसके प्रश्न से प्रह्लाद की सहज सुन्दर मुख-रेखाएँ किसी प्रकार विकृत नहीं हुईं। न उन्हें कोई हर्ष था, न दुःख। वे जिस समता पद पर प्रतिष्ठित हो गये थे, वहाँ से एक तिल भी नहीं डिगे। सुकोमल दिव्य स्वर से उन्होंने पिता के प्रश्न का इस प्रकार उत्तर दिया, "पिताजी, मैंने अमर विद्या सीखी है। इसके पूरे अधिकारी राम हैं। उन्होंने मुझे भी इसका अधिकारी बना लिया है। वे इतने दयालु हैं कि जो कोई उनसे अमृत-विद्या की प्राप्ति के लिए सभक्ति प्रार्थना करता है, वे उसे ही वह अमूल्य विद्या

देते हैं, उन्हें इसके दान करने में कुछ भी संकोच नहीं होता, बल्कि वे सबके लिए पहले ही से हाथ बढ़ाये हुए हैं, कोई लेनेवाला भी तो हो, पिताजी, इस एक ही विद्या से मैंने दर्शन, विज्ञान, राजनीति, रसायन सबकुछ सीख लिया। एक उसी की सत्ता है—सत्चित आनन्द अस्ति-भाँति-प्रिय, यह दर्शन मैंने सीखा, संसार के किसी भी पदार्थ को विश्लिष्ट करके अन्तिम सार-भाग निकालने की प्रथा से मैंने रसायन और विज्ञान सीखा और वह चरम-विश्लेषण उस सच्चिदानन्द में ही पहुँचकर ठहरता है। प्रजा को उसी की मूर्ति मानकर सेवा की दृष्टि से राजा का शासन करना मैंने राजनीति और यथार्थ राजनीति समझा है। इस तरह मेरे हृदय का अज्ञानान्धकार उस परम दयालु की कृपा-दृष्टि से दूर हो गया। अब मुझे ज्ञान का कोई अभाव नहीं है। उसे प्राप्त कर मेरा सम्पूर्ण अभाव तिरोहित हो गया। मुझे अब और किसी वस्तु की चाह नहीं रही। राम-नामामृत पान कर मेरी कुल कामनाएँ पूर्णता में समा गयी हैं।"

प्रह्लाद ने जब पहले-पहल राम-नाम का उच्चारण किया था, तभी हिरण्यकशिपु ने गुस्से में आ प्रह्लाद को अपनी गोद से छिटककर जमीन पर गिरा दिया था, अन्य बातें प्रह्लाद ने खड़े-ही-खड़े कही थीं। यहाँ भी उसकी समता नहीं नष्ट हो पायी। उनमें जो भाव पिता की गोद में बैठते समय और बैठे रहने के समय था, वही ढकेले जाने पर भी; उसी भाव से बिना किसी प्रकार के आवेश में आये, यह इतना निवेदन उन्होंने हाथ जोड़कर अपने पूज्य पिता को सुनाया। परन्तु जिस समय हृदय में अज्ञान का ही अखण्ड राज्य रहता है, उस समय न तो दर्शन के सिद्धान्त सुहाते हैं और न भक्ति-रस की हृदयहारिणी कथा। उस समय बस हृदय की जो चाह होती है, उसी का रंग तमाम शरीर और मन पर चढ़ा रहता है और श्रोता उसी रंग की रँगी बातें सुनना पसन्द करता है। उसे न उस समय हानि का खयाल रहता है, न लाभ का, वह केवल अपनी अदम्य इच्छा की ही पूर्ति चाहता है। हिरण्यकशिपु भी प्रह्लाद से ऐसी ही आशा रखता था। वह अपने पुत्र से अपने घोर शत्रु का माहात्म्य सुनकर भला कैसे प्रसन्न रह सकता था?

जिस दुश्मन को नेस्तोनाबूद कर देने की लालसा से उसने घोर तपस्या की, सैकड़ों निरपराध ब्राह्मणों के सिर कटा लिये, विष्णु नाम को अपने राज्य से बहिष्कृत कर दिया, उसी का भक्त उसका पुत्र हो, यह वह कब बरदाश्त कर सकता था ? प्रह्लाद से हिरण्यकशिपु की तीव्र लालसा को ठोकर लगी थी—उसके जीवन-भर के अर्जित संस्कार कभी प्रह्लाद की बातों से दूर होनेवाले न थे।

हिरण्यकशिपु की भौंहें कुंचित हो दो कमानों की तरह एक दूसरी से सट गयीं। आँखों से भयानक ज्वाला निकलने लगी। आँखों की गति तीव्र और प्रखर हो गयी। होंठ थरथराने लगे। उस समय वह मूर्तिमान क्रोध ही बन गया था। किसी की हिम्मत नहीं थी जो ज़रा आँख उठाकर उधर एक नजर से उसे देख भी लेता। दोनों पण्डितों की तो बड़ी ही बुरी हालत हो गयी—गौ भी कसाई को देखकर इतना न काँपती। आवेश में आने पर भी कुछ देर तक हिरण्यकशिपु मन-ही-मन कुछ विचार करता रहा। अन्त में गरजकर कहा, "बस मैं समझ गया, यह कल का बच्चा, इसे क्या मालूम कि राम कौन है और कौन है विष्णु ! अभी इतने दिनों तक घर पर रहा, लेकिन यह शिकायत हमने कभी न सुनी। आज तो एकाएक यह राम-नाम और कृष्ण-कृष्ण करने लगा, इसके क्या मानी ? जरूर कहीं दाल में काला है। क्यों पण्डितजी ?"

नाम लेते ही षण्ड और अमर्क का मुँह सूख गया। मारे भय के पैर काँप रहे थे—कोई अंग बस में न था। कुछ कहने की शक्ति तो बहुत पहले से ही जवाब दे गयी थी। वे शुक्राचार्य ही थे जो हिरण्यकशिपु की लाल आँखों की ज़रा भी परवा न करते थे और अपना दबाव हर वक्त कायम रखते थे। षण्ड और अमर्क का व्यक्तित्व इतना प्रभावशाली न था। हिरण्यकशिपु की लाल आँखों का सामना आज ही करना पड़ा था। नाम लेने के साथ ही बेचारे हौल-दिल से हो गये। बिना कुछ कहे ही दीन-भाव से उसकी ओर ताकते हुए कुछ कदम आगे बढ़ गये। और फिर उसी तरह पिछड़ते चले आये। उन्हें सबसे ज्यादा डर था मौत का। उन्होंने मन में निश्चय कर

लिया था कि यह दरबार साक्षात् यमराज का है और यहाँ से दूसरे जन्म का परवाना लेकर ही लौटना होगा। हर वक्त अपनी गर्दन के पीछे तुली हुई तलवार वे ख्वाब में देख रहे थे। जागते हुए भी उनके लिए मृत्यु का यही नाटक हो रहा था।

वज्र-गर्जन से भी कर्कश वही ध्वनि फिर हुई, "क्यों पण्डितजी, पढ़ा दिया न बच्चे को ? नहीं तो यह जहर उगलने के लिए इसे मिलता कहाँ ? लेकिन मालूम भी तो अच्छी तरह होगा कि इसकी सज़ा क्या है—यह सोचना व्यर्थ है कि हम गुरु-पुत्र हैं और इसकी सज़ा से छुटकारा पा जायेंगे।"

एक तो कर्ण-कर्कश ध्वनि, तिस पर मौत के मुकाबले में तैयार होने की पूर्व-सूचना, षण्ड और अमर्क की दशा अत्यन्त दयनीय हो गयी। प्राण-पखेरू रहकर भी एक तरह से उड़ ही गये। कुछ अर्ज करें, सफाई दें, दूसरे विद्यार्थियों को गवाह के तौर पर पेश करें, यह कुछ न याद आया—याद तो बस मृत्यु की हर घड़ी आ रही थी। बुद्धि का लेश भी उस क्रोधान्ध उग्ररूप के सामने न रह गया था। थी बस दीन भाव से कृपा की भिक्षा माँगनेवाली दोनों की प्रार्थना-भरी व्याकुल चितवन। परन्तु हिरण्यकशिपु से उस समय कोई प्रार्थना करना ऊसर में बीज बोने के समान ही था।

हिरण्यकशिपु के स्वभाव में तारीफ करने योग्य सबसे प्रधान गुण यह था कि वह बड़ा नीतिज्ञ और साथ ही नीति के अनुसार चलनेवाला भी था। दोनों तरुण तापस आचार्यों को चुपचाप खड़ा हुआ देख उसने अभय देते हुए कहा, "अगर कुछ कहना हो तो आप निःसंकोच कह सकते हैं। मैं उतने ही ध्यान से आपकी बातें सुनूँगा जितने से मैं प्रह्लाद के दोषों की तलाश कर रहा हूँ।"

इस सहज उक्ति से दोनों को कुछ कहने का साहस भी हुआ। सफाई की याद आयी और अवसर चूकने के भयानक परिणाम से बोलने के लिए बुद्धि ने शब्दों का जाल फैलाना भी आरम्भ कर दिया। उधर प्रह्लाद को राम-नाम की शिक्षा देने के वे दोषी भी नहीं थ, इसलिए सच बात को आलं-

कारिक भाषा में कहते हुए उन्हें कठिनाई नहीं पड़ी।

परन्तु हिरण्यकशिपु को उनकी सफाई से विश्वास नहीं हुआ। उसे निश्चय हो गया था कि पाठशाला के सिवा दूसरी जगह प्रह्लाद को यह कुशिक्षा मिल ही नहीं सकती। उसकी आकृति और प्रकृति का भलीभाँति निरीक्षण कर उसके हृदय का भाव, प्रह्लाद फौरन समझ गये। आचार्यों की भावी विपत्ति की शंका से हृदय की वेदना को किसी रोआब में दबा देना उन्हें अनुचित जान पड़ा। इसलिए बड़ी दृढ़ता से, किन्तु उसी प्रकार विनीत शब्दों में, पिता से उन्होंने कहा, "पिताजी, आचार्य दोनों ही इसके लिए निर्दोष हैं। इन्होंने मुझे राम-नाम की शिक्षा नहीं दी। आप इनका तिरस्कार न करें। इन्होंने बल्कि इस नाम को छोड़कर शम्भु-नाम का जाप करने का उपदेश दिया था। मुझे राम-नाम पर ही अधिक प्रेम है। आप अगर इसके लिए किसी को सज़ा देना चाहें—दोषी समझकर, तो आपकी सजा का पात्र मैं ही हूँ। आप मुझे ही अपनी दण्डनीति का आधार समझिए। आचार्य बिलकुल निर्दोष हैं।"

हिरण्यकशिपु ने एक बार प्रह्लाद को देखा, फिर सिर झुका लिया। उसका इतना बड़ा अपमान आज तक किसी ने नहीं किया था, इतनी बड़ी दृढ़ता आज तक उसने नहीं देखी थी। इसके सामने इतने बड़े शूर का भी मस्तक अवनत हो गया। परन्तु वह सिर फिर उठा, शत्रुता का भाव एक ओर पाँच वर्ष का बालक रूपी सत्य था और दूसरी ओर पर्वताकार संसार-विजयी क्रोध। हिरण्यकशिपु की आँखें आरक्त हो गयीं। उसने फिर शान्त मूर्ति पर एक तीव्र दृष्टि डाली और द्वारपाल को पुकारा।

सप्तम परिच्छेद

प्रह्लाद की परीक्षाएँ

प्रह्लाद इस समय जंगल में है। चारों ओर अन्धकार-ही-अन्धकार छाया हुआ है। सूर्य की किरणों को यहाँ भी पैठने की आज्ञा नहीं होती। अन्धकार के शरीर-रक्षक पल्लवों की हरियाली में आँखों को तृप्ति देनेवाली सुन्दरता नहीं है। सब जगह हलाहल का रंग चढ़ा हुआ है। राज्य हिंस्र जन्तुओं का और वह वध-भूमि हिरण्यकशिपु के अपराधियों की।

प्रह्लाद ने आँख खोलकर एक बार चारों तरफ अच्छी तरह देखा। वन की भयंकरता में रह-रहकर अगोचर भाव से उठनेवाली न जाने वह कैसी चीख थी, उसके साथ करोड़ों निरपराधियों की एक प्रर्थना मिली हुई थी। क्रूरता में करुणा थी और क्रोध में आँसू।

वन के हर एक तृण से प्रह्लाद का स्वागत सजग हो गया था। वे एक अव्यक्त वेदना में भरे हुए थे। उन्हें वहाँ जैसे बड़े कष्ट से जीवन बिताना पड़ रहा हो, प्रह्लाद को देखकर जैसे उन्हें अदूर भविष्य में मुक्ति का आनन्द मिलनेवाला हो।

सब कुछ देखकर भी प्रह्लाद ने जैसे कुछ भी न देखा हो, उनके मन में किसी तरह की प्रसन्नता अधिकार नहीं जमा सकी। इसे वे पहले ही से हृदय की दुर्बलता समझते आये हैं। एकनिष्ठ परमात्मा के ध्यान में तल्लीन रहना ही उन्होंने अपने लिए कल्याणकारी समझा। आत्मप्रशंसा के भाव को समझकर भी उन्होंने दबा देना ही मनुष्योचित कार्य निश्चय कर लिया।

जल्लादों को प्रह्लाद की उतनी कम उम्र में चोट करते हुए भय हो रहा था। एक ने कहा, "सँभल, अब तेरा काल आ गया है, तुझे मारने के लिए महाराज ने आज्ञा दी है, जिसे जो कुछ कहना-सुनना हो, कह-सुन ले, नहीं तो फिर पछताना ही रह जायगा।"

प्रह्लाद ने आँख उठाकर एक बार जल्लादों की ओर भी दृष्टि फेरी। फिर निगाह नीची कर ली। तीव्र तृष्णा ही उनसे हत्या जैसे घोर दुष्कर्म के लिए भी नहीं न करने की शक्ति छीन रही थी। माया की विचित्र लीला और अपार पराक्रम के ध्यान मात्र से प्रह्लाद का हृदय दहल गया। परन्तु इसे भी उन्होंने ईश्वर की इच्छा पर ही छोड़ दिया और शान्त स्वर से कहा, "भाइयो, मुझे मृत्यु का बिलकुल भी भय नहीं है। परन्तु सोचो तो, क्या हिरण्यकशिपु से भोजन-वस्त्र के लिए तुम लोगों ने कोई चिरकालिक लिखा-पढ़ी करा ली है? सम्भव है, वह कल तुमसे रूठ जायँ। क्या तुमने यह सोचा है कि उस दिन फिर कौन तुम्हारे भोजन-वस्त्र का प्रबन्ध करेगा? हरगिज न सोचा होगा। अगर सोचते तो इन क्रूर-कर्मों से तुम्हारा निस्तार हो गया होता।"

कुछ देर के लिए जल्लादों के मन की परिस्थिति तूफान उठने के बाद के शान्त स्वर की तरह धीर और सहज गम्भीर हो गयी। इस तरह की बात आज तक किसी भी अपराधी की जबान से उन्हें नहीं सुनने को मिली थी। आज तक के अपराधियों की मृत्यु की आज्ञा सुनने के साथ ही बेहोशी की हालत हो जाती थी, फिर स्थिरता, उपदेश और ज्ञान की जगह उनमें जड़ता, भय और अज्ञान का अधिकार दीख पड़ता था। प्रह्लाद की निर्भीकता से कुछ देर तक उन्हें अन्तरात्मा से कुछ प्रश्न करने की सामग्री मिल गयी, परन्तु थोड़ी देर में चिरकाल के संचित पापों के संस्कार ही प्रबल हो उठे और पहले की भावना मन से जाती रही। घर की याद आयी, स्त्री की याद आयी। उनके मुरझाये हुए, मुखड़े आँखों के आगे रह-रहकर आने-जाने लगे। अभ्यास ने कहा, लो उठाओ खड्ग और रख दो तौलकर गर्दन पर। कमजोरी ने उपदेश दिया, यह तुम्हारा धर्म है, इसे हरगिज न छोड़ो, अगर

बचना और अपने बाल-बच्चों को बचाना चाहते हो।

बस फिर क्या था? अपने ही भीतर अपने कर्म की तारीफ करनेवाले बहुत-से मिल गये। संस्कार को दूना बल मिला। जल्लादों ने खड्ग उठा लिया फिर कहा और कुछ उत्तेजित कण्ठ से कहा,—ले सँभल, यह सब हम बहुत सुन चुके हैं।

प्रह्लाद हाथ जोड़ परमात्मा का ध्यान करने लगे। कब उन पर खड्ग के वार हुए, उन्हें नहीं मालुम! आँखें खोलीं तो देखते हैं कि हाथ जोड़े वहीं दोनों जल्लाद सामने खड़े हुए हैं! प्रह्लाद ने कुछ न कहा। हाथ जोड़े ही हुए जल्लादों ने उनसे घर चलने की प्रार्थना की। साथ ही यह पेशा छोड़ उनकी आज्ञानुसार जीवन-निर्वाह करने के लिए भी वचन दिया।

प्रह्लाद को खड्ग-प्रहार से चोट भी नहीं लगी, यह सुनकर हिरण्यकशिपु के आश्चर्य का ठिकाना न रहा। वह इस बात पर विश्वास नहीं कर सका कि कभी ऐसा भी हो सकता है। अस्तु, अपना काम उसने किसी दूसरे ही उपाय से सम्पन्न करने का निश्चय कर लिया। उधर बनावटी स्नेह दिखाते हुए चोट न लगने का कारण समझने के लिए प्रह्लाद को अपने पास बुलाकर पूछा, "क्यों बेटा तुम्हें चोट नहीं लगी, इसका क्या कारण है?"

विनय-भाव से पूर्ववत् ही अपनी भक्ति प्रकट करते हुए प्रह्लाद ने उत्तर दिया, "पिताजी, मैं इसका कारण कुछ नहीं जानता, राम मेरे रक्षक हैं, सब उन्हीं की कृपा है।"

हिरण्यकशिपु को कुछ आश्चर्य हुआ, परन्तु अविश्वास ने इसे थोड़ी ही देर में हृदय से निकाल दिया। फिर से आजमाने की इच्छा प्रबल हो उठी।

अष्टम परिच्छेद

विष-पान

जल्लादों के प्रहार से बचकर भी प्रह्लाद निष्कण्टक नहीं हो सके हिरण्यकशिपु की त्योरियाँ उसी तरह उन पर तुली रहीं, बल्कि पहले से कुछ और भी सिकुड़ गयीं। प्रह्लाद को किसी के हर्ष और विषाद की जरा भी परवा न थी। अपने निश्चल सन्तोष से ही उन्हें सबके सन्तोष की शिक्षा मिली थी। वे अपने राम को ही प्रसन्न करना जानते थे। हिरण्यकशिपु इसे प्रह्लाद का हठ और अपना अपमान समझता था। शत्रु की आड़ उसका पुत्र ले, यह अपमान वह बरदास्त नहीं कर सका। उसने तुरन्त प्रह्लाद को कारागृह में ले जाने की आज्ञा दे दी।

साक्षी गोपाल बने, अपने और अपने पिता के कृत्यों का संसार-रूपी रंगमंच के दर्शक की हैसियत से देखते हुए, चुपचाप प्रह्लाद कारागृह में चले गये। घोर अन्धकार का स्मरण हो आने पर भी उन्हें कोई निराशा नहीं हुई। 'परम प्रकाश रूप दिन राती, नहिं कछु चहिय दिया, घृत, बाती।' उन्हें इसका पूरा-पूरा बोध हो गया था। इसलिए वहाँ उस कारागार में भी अपने अन्तस्तल में अपने प्यारे राम की उज्ज्वल मूर्ति देखकर वे कारागार की बाहरी परिस्थिति का दुःख भूल गये। वहाँ भी उनके होंठों पर वही प्रसन्नता छायी रहने लगी।

इधर उनके मारने का नया उपाय सोचा गया। किसी ने महाराज हिरण्यकशिपु को सुझाया कि तेज जहर मिलाकर कुछ लड्डू बनवाये जायें

और उन्हीं से प्रह्लाद का काम-तमाम कर दिया जाय। बात महाराज हिरण्यकशिपु को जँच गयी। उन्होंने फरमाइशी जहर मँगवाया, जिसके खाने के साथ ही आदमी की पलकें हमेशा के लिए बन्द हो जायँ। उसी जहर के मिले कुछ लड्डू एक पात्र में लेकर एक दासी प्रह्लाद के पास गयी और बड़ी सहानुभूति के साथ बोली, "भैय्या, यह लो, तुम्हारे लिए ये लड्डू ले आयी हूँ। महारानी ने भेजे हैं। इन्हें खा लो, भूख तो लगी होगी? और क्यों न लगे—यहाँ का खाना भला तुम्हारे लायक होता है?"

यह कह दासी ने वहीं लड्डुओं का पात्र रख दिया। प्रह्लाद लड्डुओं का निरादर नहीं कर सके। देखते-ही-देखते आँखें आँसुओं से सिंच गयीं। रोम-रोम से स्नेह की स्निग्ध रस-धारा प्रवाहित हो चली। माता के मधुर नामोच्चारण के साथ ही उस पवित्र आत्मा में स्वर्गीय विभूति मूर्ति धारण कर विराजमान हो गयी। प्रह्लाद ने कटोरा उठा लिया।

परमप्रिय परमात्मा की याद आयी। जिसके लिए आज कारागार में उन्हें जाना पड़ा, जिसके लिए कल उन्हें प्राण-दण्ड की आज्ञा दी गयी थी, जिसके प्रेम का परिणाम आगे चलकर उनके लिए और भी भयंकर होने-वाला है, उसे छोड़कर अकेले ही वे कब उन लड्डुओं को खा सकते थे? हाथ जोड़, उस प्रियतम का स्मरण कर, पहले उन्हीं की सेवा में प्रह्लाद ने लड्डुओं का समर्पण किया।

भक्त के लिए ही जिन्हें वार-वार अवतार लेना पड़ा, अलख-निरंजन और अविनाशी होकर भी जिन्हें नश्वर संसार में आकर अनेक प्रकार की लीलाएँ करनी पड़ीं, वे प्यारे भक्त की वह प्रेमाश्रुसिंचित तल्लीन अवस्था को देखकर स्थिर न रह सके—उन्हें फिर आना पड़ा। परन्तु अब के ज्योतिर्मय दिव्य रूप धारण कर आये, दूसरों की दृष्टि बचाकर। बड़े प्यार से प्रह्लाद को पुकारकर कहा, "लो भाई, मैं आ गया। तुम्हें यहाँ बड़ा कष्ट हो रहा है न? समय ही तो है और तुम जानते ही हो। हिम्मत न हारना। तुमने मुझे लड्डू खाने के लिए बुलाया है? लाओ भाई, बड़ी दूर से आ रहा हूँ—थक गया हूँ, भूख भी बहुत लगी है।"

यह कह प्रह्लाद के हाथ से श्रीभगवान् ने जहर का कटोरा ले लिया और प्रेम-पूर्वक कुछ लड्डू खा गये—कुछ प्रह्लाद को भी स्वयं ही खिला दिये। अपूर्व स्वाद था। प्रह्लाद को इतना मधुर स्वाद और कभी न मिला था। हँसकर कहने लगे, "ये लड्डू माता के दिये हुए हैं, तिस पर तुम्हारा प्रसाद, जान पड़ता है, इन्हीं कारणों से इनमें इतनी मधुरता आ गयी है।" भगवान् मुस्कराने लगे। कुछ देर में जब कटोरा साफ हो गया, तब बोले, "प्रह्लाद, अब मैं जाता हूँ, जब बुलाओगे तब फिर आऊँगा, परन्तु ये लड्डू तुम्हारी माता के भेजे हुए नहीं थे, तुम्हें मारने के लिए तुम्हारे पिता ने जहर के लड्डू बनवाकर तुम्हारी माता के नाम से दासी के हाथों भिजवाये थे! अच्छा अब जाता हूँ।" भगवज्जोति वहाँ से अन्तर्हित हो गयी।

इधर महल में रानी कयाधू को खबर लगी कि महाराज हिरण्यकशिपु को प्रह्लाद की ईश्वर-भक्ति मालूम हो गयी। यह भण्डा-भोड़ पाठशाला से हुआ है। सुनते ही रानी का कोमल कलेजा दहल गया। पुत्र-स्नेह की पीड़ा से वे विह्वल हो गयीं। जिस बच्चे को वे अपने प्राणों से भी अधिक प्यार करती थीं, जिसकी सरलता से उनके हृदय में कितनी ही वार स्वर्गीय सुधा-स्रोत उमड़ चुका है, जिसके क्षणमात्र के अदर्शन से उनका मन अधीर हो जाता था, जिसे इस शंका से बचाने के लिए छाया की तरह वे पीछे लगी फिरती थीं, आज उनका वही पुत्र हिरण्यकशिपु के काल-पंजे में फँसकर कारागार-कष्ट झेल रहा है! सुनते ही उनका मुख सूख गया। अंग-अंग से हिरण्यकशिपु की विरोधी शक्ति सजग हो-होकर उन्हें उसके विरुद्ध उत्साहित करने लगी। जब हिरण्यकशिपु और प्रह्लाद, पति और पुत्र, दोनों की मूर्तियाँ अपने भावों के साथ उनके सामने आती थीं, तब हिरण्यकशिपु की उग्र मूर्ति को उनका सुकुमार मन किसी तरह अपना नहीं सका,—वह वार-वार प्रह्लाद की ओर झुक जाता था। इस सरल शिशु पर अत्याचार करनेवाले अन्यायी हिरण्यकशिपु को वे किसी तरह क्षमा नहीं कर सकीं। हृदय में खलबली मच गयी। खून का हरएक बूंद हिरण्यकशिपु का विरोध कर रहा था—विपरीत गति से प्रवाहित हो रहा था।

आवेश की अवस्था में प्रह्लाद को देखने की लालसा तीव्र हो गयी। उत्कण्ठा सामने की सम्पूर्ण बाधाओं को कुचलकर अपने मार्ग पर बढ़ने के लिए तैयार हो रही थी। रानी कयाधू ने दासी को बुलाया। पालकी और कहारों को बुला देने की आज्ञा की। आज्ञा के साथ ही बाँदी पालकी और कहारों को बुला लायी। खिड़की के पास पालकी भिड़ा दी गयी।

रानी को जल्लादों के हाथों प्रह्लाद को सौंपे जाने का संवाद भी मिल चुका था। जल्लादों के खड्ग-प्रहार से प्रह्लाद का रोम भी नहीं कटा, यह भी वे सुन चुकी थीं और उन जल्लादों के काम छोड़ने की खबर भी उन तक पहुँच चुकी थी। इस तरह जिस अलक्षित शक्ति के प्रभाव से प्रह्लाद क्रूरता के पंजे से छुटकारा पाते आ रहे थे, उसका एक उज्ज्वल प्रमाण प्राप्त करके भी वे उसी शक्ति के भरोसे प्रह्लाद को छोड़कर निश्चिन्त नहीं रह सकीं। उनका करुणार्द्र हृदय बार-बार अपनी रस-धारा में प्रह्लाद को बहाकर बचा लेने के लिए उद्वेलित हो रहा था।

पालकी कारागार के सामने आ लगी। सिपाहियों को जब मालूम हुआ कि रानीजी स्वयं आयी हुई हैं, तब एक-दूसरे की ओर जिज्ञासा की दृष्टि से कुछ देर तक चुपचाप ताकते रहे। रानी को रोककर जान खतरे में डालने की हिम्मत किसी में न हुई, सबने सशस्त्र सलामी देकर मार्ग छोड़ दिया। रानी कारागार के अन्दर चली गयीं, जहाँ उनका प्यारा पुत्र अन्धकार में पड़ा हुआ अपनी परीक्षा के दिन पूरे कर रहा था।

अँधेरे में प्रह्लाद को न देख भय-भरे कम्पित कण्ठ से रानी ने पुकारा, "प्रह्लाद !" माता का स्वर प्रह्लाद फौरन पहचान गये—आवाज दी— "माँ, मैं आया—घबराओ न !"

प्रह्लाद माता के गले से लिपट गये। पर रोये नहीं। उस बालक वीर की धीरता अथाह थी। प्राणों का मोह भी जिसने नहीं किया, वह स्नेह-दुःख से भला कब विचलित हो सकता था ? उसने संसार में माता-पिता का हक अदा करना ही सीखा था, परन्तु सच्चा प्रेम उसका परमात्मा के पद-पंकजों में ही था।

जिस तरह लक्ष्मण की भक्ति और श्रद्धा पिता-माता पर हक अदा करने के लिए ही थी, किन्तु अन्तर की सच्ची लगन श्रीरामचन्द्रजी ही में, उसी तरह प्रह्लाद भी माता-पिता को पूज्य देवता समझकर अपने जन्म का ऋण-शोध कर रहे थे। किन्तु उनका अन्तर सदा परमात्मा की ओर ही खिंचा रहता था।

प्रह्लाद ने माता का बड़ा सम्मान किया। परन्तु माता का ध्यान तो एक दूसरी ही ओर था, वे सम्मान और श्रद्धा के लिए वहाँ नहीं गयी थीं—प्रह्लाद की भावना उन पर कैसी ही रही हो, परन्तु वे तो प्रह्लाद के लिए अपने प्राणों को भी जरूरत पड़ने पर छोड़ सकती थीं। माता के मनोभाव, माता का स्नेह, माता की आकांक्षा पुत्र के लिए कैसी होती है, यह संसार का कोई पुत्र नहीं सोचता कि एक दिन वह था, जब माता ही मेरे अस्तित्व को बचा रही थी, माता की साँस मेरी साँस थी, माता का हृतकम्प मुझमें हृत्-स्पन्दन-संचार करता था, माता की भूख-प्यास से मेरी भूख-प्यास मिटती थी। प्रह्लाद भी माता के इस महत्व को नहीं समझ सके, परन्तु क्योंकि पिता-माता पुत्र के जीवनदाता हैं, इसलिए उनकी आज्ञा पर अपने जीवन को उत्सर्ग कर देना प्रह्लाद खूब समझ गये थे। इसलिए पिता की आज्ञा का उन्होंने कभी कोई विरोध नहीं किया। रानी एक दृष्टि से अपने पुत्र को देखने लगीं। कहीं कोई घाव न था, किन्तु बार-बार उसके कोमल अंगों को अच्छी तरह देख-भाल रही थीं। प्रह्लाद हँसे। कहा, "मैं, मुझे कहीं भी चोट नहीं आयी, तुम बेफिक्र रहो, राम मेरे रक्षक हैं। सच कहता हूँ माँ, मुझे कोई कष्ट नहीं हुआ। मैं राम की कृपा से बेदाग बच गया हूँ।"

रानी की आँखों में आँसू भर आये। स्नेह-भरे सुकोमल स्वर में उन्होंने कहा, "बेटा, अगर रामजी की भक्ति करने के लिए तुम्हें आना था, तो इस पापी-कुल में तुमने जन्म क्यों लिया? किसी ऋषि-महर्षि का कुल ही तुम्हें पवित्र करना था! यहाँ तो जानते ही हो, तुम्हारे पिता का स्वभाव कितना क्रूर है। बेटा, हम जब तक जियें, तब तक के लिए ही राम-नाम लेना क्यों नहीं छोड़ देते? बेटा, तुम्हारे दुःख से हमें बड़ा कष्ट होता है। मेरी बात

मानो, अब कभी राम-नाम जबान पर न लाना !"

प्रह्लाद ने माता को समझाया। राम-नाम ही एक मात्र जीवन का आधार होना चाहिए, इस पर अनेक उपायों से, अनेक युक्तियों से माता का विश्वास दृढ़ कर दिया। पुत्र के हृदय से राम-नाम का बीज किसी तरह निकाला न जायगा, यह रानी बहुत अच्छी तरह समझ गयीं। कोई वश था ही नहीं। अन्त में पुत्र को गले लगा, राम के ही भरोसे उसे छोड़, आँचल से आँसू पोंछती हुई विवशता समझकर बाहर चली आयीं।

नवम् परिच्छेद

द्विरद-पद-तल

दो परीक्षाओं में प्रह्लाद उत्तीर्ण हो चुके। अब तीसरी परीक्षा सामने थी। परन्तु जिसने अपने लिये कुछ भी नहीं रख छोड़ा था, सर्वस्व तक का समर्पण अपने परम प्रिय राम के पदारविन्दों में कर चुका था, उसे न परीक्षाओं की परवा थी और न उत्तीर्ण होने का आनन्द। वह बस प्रखर धारा दुर्मद-नद के वक्षस्थल पर पड़े हुए तिनके की तरह तरंगाघातों से इधर-उधर बह रहा था और महामाया की लीला प्रत्यक्ष कर रहा था—यही उसके जीवन की क्रीड़ा थी और यही उसका संचित ज्ञान। संसार में निर्लिप्त और तटस्थ रहकर लीला-ललित आत्मा के अगणित रूप को वह प्रत्यक्ष करता हुआ, अपने इसी आनन्द में अनादि-वक्ष पर नृत्य कर रहा था।

इधर दैत्यराज हिरण्यकशिपु को खबर मिली कि जहर का प्रह्लाद को अणुमात्र भी नशा नहीं हुआ। वे ज्यों के त्यों ही अपने स्थान पर बैठे हुए भजन कर रहे हैं! सुनते ही हिरण्यकशिपु के आश्चर्य का ठिकाना न रहा। उतना तीव्र जहर और उसे प्रह्लाद न-कुछ की तरह हजम कर गये, यह उसके लिए एक चिन्ता का विषय हो गया परन्तु वह हठी भी एक ही था। मृत्यु ज्यों-ज्यों प्रह्लाद से हटती जाती थी, त्यों-त्यों हिरण्यकशिपु की स्वाभाविक ईर्ष्या प्रह्लाद को मृत्यु के हाथों में जबरन डालने के लिए बढ़ रही थी। इसे दो मनुष्यों के स्वभाव की लड़ाई कहना अधिक संगत जान पड़ता है। अस्तु, जब जहर का घूंट भी प्रह्लाद मुस्कराते हुए पी गये और उनका बाल भी

बाँका न हुआ, तब हिरण्यकशिपु को उन्हें मारने का एक दूसरा उपाय करना पड़ा। परन्तु कुछ भी हो, था वह प्रह्लाद का पिता ही। उसने एक बार फिर सोचा कि प्रह्लाद को चलकर समझाऊँ तो सम्भव है कि प्रह्लाद बात मान जाय और राम-नाम लेना छोड़ दे।

इस विचार से हिरण्यकशिपु कारगार के उसी अँधेरे कमरे में गया, जहाँ प्रह्लाद चुपचाप बैठे हुए अपने प्यारे राम का ध्यान कर रहे थे। प्रह्लाद की कोमल कान्ति देखकर हिरण्यकशिपु का हृदय स्नेहार्द्र हो गया। हत्या के भयंकर मार्ग से उसे हटाकर कुछ काल के लिए अपनी मृदुल राह पर ले आने पर भी प्रेम की विजय नहीं हो सकी। कारण प्रह्लाद पिता के प्रेम में पड़कर अपने कर्त्तव्य को ताक पर नहीं रख सके। उन्होंने पिता की आज्ञा का उल्लंघन किया। जब हिरण्यकशिपु ने कहा, "बेटा, राम-नाम छोड़ दो—राम हमारा परम शत्रु है, तुम हमारे पुत्र होकर राम की भक्ति करते हो, इससे बढ़कर लज्जा की बात हमारे लिये और क्या हो सकती है? जिस राम के लिए तुम पागल हो रहे हो, तुम्हारे ताऊ को उसी पापी ने पाताल में मारा, इसलिए तुम्हें इससे बदला लेने का इरादा रखना चाहिए, न कि इस तरह हाथ जोड़कर उसकी खुश मद करनी चाहिए।"

पिता की बात सुन प्रह्लाद के छोटे-छोटे होंठों पर मुस्कान की मधुर मन्द, हृदयहारिणी एक रेखा खिंच गयी। पिता की बुद्धि पर उन्हें पीछे से बड़ा दुःख हुआ। परन्तु वे अपनी उतनी ही उम्र में स्वभाव के पूरे पारखी हो गये। पिता का स्वभाव भी उनका न-जाना हुआ न था। उन्होंने बड़े ही विनय-स्वर में पिताजी से कहा, "पिताजी, आप राम पर आकारण ही दोषारोप कर रहे हैं। राम सदा ही निर्दोष और निर्लिप्त हैं। वे हत्या तो कभी कर ही नहीं सकते। मेरे ताऊ को उनकी मृत्यु ने—काल ने मारा है, राम को तो आप व्यर्थ ही अपराधी समझे बैठे हैं। मनुष्य अपने कर्मों का ही फल-भोग करता है। इसके लिए परमात्मा को दोषी ठहराना सरासर अन्याय है। ताऊ ने जैसे पहले बीज बोये, वैसे उन्हें फल चखने पड़े। आप इस भ्रम को दूर कर दें, और मैं आपको क्या कहूँ—आपको शिक्षा देने की

धृष्टता मैं नहीं कर सकता।"

प्रह्लाद की बातों से अमृत टपक रहा था, परन्तु उसके लिए जो अधिकारी हो। हिरण्यकशिपु को अपनी तारीफ सुनना और अपने हठ की रक्षा करना जिसका स्वभाव था, यह सिद्धान्त कब जँच सकता था। सुनते ही उसकी वही दशा हुई जो अधिकारियों को अधिकार छिनने की शंका से हुआ करती है। स्वभाव-सिद्ध हिताहित ज्ञान-शून्य नशा क्षण-भर में सवार हो गया। गरजकर उसने कहा, "प्रह्लाद, तुम्हें स्मरण रहे कि मेरी बातों पर चीं-चपड़ करनेवाला आज संसार में दूसरा नहीं है और तुम मेरे पुत्र होकर मुझे शिक्षा दे रहे हो! भविष्य अपना बड़ा ही भयंकर समझो। अगर तुम्हें मेरा पक्ष छोड़कर राम का पक्ष लेना है, तो तुम खुशी से उसका पक्ष ले सकते हो, तुम उसकी और तारीफ किया करो, तुम्हें और क्या करना है, मैं अपना धर्म समझता हूँ, पुत्र के धर्म के लिए मैं जिम्मेदार नहीं। साथ ही तुम्हें होशियार किये देता हूँ कि आज से मेरी सम्पूर्ण शक्ति तुम्हारे विरोध में लग जायगी। तुमसे और तुम्हारे राम से हो सके तो उसका विरोध करना या बचने का उपाय सोच निकालना।"

महाराज हिरण्यकशिपु का शरीर मारे क्रोध के काँप रहा था। अपनी बात समाप्त करके फिर एक क्षण भी वह वहाँ नहीं ठहरा। वहाँ से सीधे अपने मन्त्रणा-भवन में जा मन्त्रियों को बुला भेजा। महाराज हिरण्यकशिपु की आज्ञा सुनते ही खुशमदी मन्त्रियों का दल उसी वक्त वहाँ आकर हाजिर हो गया। हिरण्यकशिपु में अबके उन्होंने कुछ चिन्ता देखी, जैसे किसी विषय का कोई निष्कर्ष न होता हो। मन्त्रियों ने अभिवादन किया, हिरण्यकशिपु ने उँगली के इशारे से बैठने की आज्ञा दी, खुद उसी तरह मौन भाव से सोचता रहा।

कुछ देर तक मन्त्रि-मण्डल चुपचाप बैठा रहा। परन्तु थोड़ी ही देर में अपनी सेवा दिखलाने के गूढ़ अभिप्राय से एक ने उन्हीं में से कहा, "आज दैत्यराज के श्रीमुख पर चिन्ता-सी झलक रही है! क्या कारण है, यह जानने के लिए हम लोगों को बड़ी उत्सुकता हो रही है।"

हिरण्यकशिपु ने सिर उठाया। कुछ रुककर कहा, "प्रह्लाद के लिए सचमुच आज मेरी चिन्ता बढ़ गयी है। बड़े आश्चर्य की बात है कि इतने उपाय उसके मारने के लिए किये, लेकिन कामयाबी किसी से न हुई। क्या सचमुच उसके बदन पर तलवार चोट नहीं कर सकती, क्या यह सच है कि वह जहर हजम कर गया? तलवार कभी किसी के साथ रियायत नहीं कर सकती, जहर कभी किसी को अपना मित्र नहीं मान सकता। फिर प्रह्लाद के न मरने का क्या कारण हो सकता है? जहर पेट में पड़ जाय और उसकी क्रिया न हो, क्या यह कभी सम्भव हो सकता है। तलवार का वार हो जाय और उससे खुला बदन न कटे, यह कैसी बात है? उस दिन दो जल्लादों ने काम भी छोड़ दिया! यह सब क्या है? मैं हैरान हो रहा हूँ।"

मन्त्रियों में से एक ने कहा, "महाराज, आप निश्चिन्त रहें, प्रह्लाद मुमकिन है, जादू-जैसी कोई विद्या जानता हो। मेरे विचार से एक काम किया जाय तो वह किसी तरह मृत्यु के पंजे से नहीं छूट सकता।"

हिरण्यकशिपु को मन्त्री की इस बात से बड़ी आशा हुई। मन्त्री ने कहा, "दैत्यराज, प्रह्लाद को बाँधकर हाथी के पैरों-तले डाल दिया जाय, फिर अपनी आँखों के सामने ही देखिए कि वह मरता है या नहीं, अगर नहीं मरता तो आखिर किस उपाय से बचता है, यह भी तो प्रत्यक्ष हो जायगा।"

बात हिरण्यकशिपु के दिल में बैठ गयी। उसने सोचा, 'बस यही बात ठीक है। अपने सामने ही देखूँगा, अब के उसका राम उसे कैसे बचाता है।'

हाथी सजा लाने का फौरन हुक्म हुआ। उधर प्रह्लाद को बाँधकर ले आने के लिए सिपाही दौड़ाये गये। आज्ञा-मात्र की देर थी। पीलवान मस्त जबरदस्त हाथी पर चढ़कर महल के सामने आ गया। सिपाही भी प्रह्लाद को बाँधकर सामने ले आये। प्रह्लाद के कोमल हाथ-पैर कठिन बन्धनों में बंध हुए थे। शरीर विवश कर दिया गया था कि उसकी रक्षा अब के किसी प्रकार न हो सके। हिरण्यकशिपु ने प्रह्लाद को देखा, आँखें चार हुईं, परन्तु

प्रह्लाद की दृष्टि से क्षमा-प्रार्थना का भाव न निकला, वहाँ केवल सहनशीलता की शान्ति विराज रही थी। इसे गर्वित हिरण्यकशिपु ने अपना अपमान समझा। फौरन हाथी के पैरों-तले डाल देने की आज्ञा दी।

सिपाहियों ने उठाकर प्रह्लाद को हाथी के पैरों के नीचे डाल दिया! पीलवान ने अंकुश मारकर हाथी को रौंदने का इशारा किया। परन्तु ईश्वर की इच्छा, हाथी को दया आ गयी। उसने प्रह्लाद को सूंड से उठा पीठ पर रख लिया!

दर्शक दंग रह गये। हिरण्यकशिपु ने दाँतों उंगली दबायी। सभा में चारों ओर सन्नाटा छा गया। प्रह्लाद को पीठ पर चढ़ाकर हाथी आनन्द से वहीं झूमने लगा।

दशम परिच्छेद

सर्प-दंश चेष्टा

हिरण्यकशिपु की हिंसा और भी प्रबल हो उठी। इस बार अपनी आँखों उसने प्रह्लाद को बचते हुए देखा। इस वार से कभी हताशाभाव भी आकर कमजोर करने लगा। परन्तु जिस तरह सूर्योदय के लिए ही रात हुआ करती है, उसी तरह यह हताशा भी उसे प्रतिहिंसा के परम शिखर पर ले चलने के लिए क्षण-क्षण में आने-जाने लगी। हिरण्यकशिपु अपना हठ नहीं छोड़ सका। इसका छोड़ना एक तरह उसके लिए मृत्यु ही था। जिस स्वभाव को जन्मकाल से ही उसने अपनाया था और जिसके लिए गर्व था, जिसके आधार पर उसका अब तक का तमाम जीवन ही संगठित हो रहा था, उसे छोड़ना उसके लिए मृत्यु नहीं तो और क्या हो सकता है? परन्तु मृत्यु को मृत्यु के राज्य में बसते हुए भी मनुष्य नहीं चाहते, हिरण्यकशिपु भी अपनी मृत्यु न चाहता था, उसे अपना स्वभाव बदलना मंजूर न था। यह उसकी शक्ति से बाहर की बात थी। फल यह हुआ कि उसके स्वभाव में जहाँ से बाधा आ रही थी, उस बाधा को दूर कर अपने स्वभाव को वह निष्कण्टक कर लेना चाहता था। इसीलिए प्रह्लाद पर उसकी इतनी ईर्ष्या थी। वह प्रह्लाद के मारने का कोई दूसरा उपाय खोजने लगा। मन्त्रियों ने समझाया कि महाराज, अब एक दूसरा उपाय यह किया जाय कि प्रह्लाद जिस कोठरी में कैद हैं, उसमें जहरीले साँप छोड़ दिये जायँ, तो अवश्य ही उनके काटने से प्रह्लाद की मृत्यु होगी।

पूछना क्या था, हिरण्यकशिपु की हिंसा को कुछ शक्ति मिली—उसने ज़रा देर के लिए एक विश्राम-सुख पाया। निश्चय हो गया कि जहरीले कई पुराने साँप बिलों से आज ही पकड़वा मँगाये जायें। निश्चय के बाद सेवकों को आज्ञा दी गयी। पुरस्कार की घोषणा की गयी कि जिसका साँप जितना पुराना और विषधर होगा, उसे उतना ही इनाम दिया जायगा। लोभ सब कुछ करा लेता है। क्षण-भर में कितने ही छोटे-बड़े साँप कई पकड़ आये। हिरण्यकशिपु उन्हें देखकर बहुत प्रसन्न हुआ।

कठिन परीक्षाओं से उत्तीर्ण हो, संसार को ईश्वर-प्रेम की शिक्षा देने-वाला वह निरभिमान सरल बालक अपने गुरु की आज्ञा पर दृढ़ विश्वास जमाये तल्लीन हो ईश्वर-चिन्तन कर रहा था। उसी समय खिड़कियों से कई साँप कोठरी में फेंक दिये गये! प्रह्लाद को इसकी कोई खबर नहीं। साँपों की फुफकार से जब ध्यान भंग हुआ, तब उनकी समझ में आया कि यह चौथी परीक्षा सामने आ गयी, प्रह्लाद स्थिरचित्त हो फिर ईश्वर-स्मरण करने लगे। श्वास की गति क्रमश: धीमी हो गयी। अन्त में मन ईश्वर-भावना में बिलकुल डूब गया। जिसकी कृपा से हाथी की क्रूरता भी कोमलता बन गयी थी, आज साँपों के भीतर भी उसकी अथाह करुणा प्रवाहित हो चली। कुटिल साँपों को भी काटना भूल गया। वहाँ कुछ देर के लिए उनके स्वभाव में भी प्रेम की पराकाष्ठा आ गयी।

एकादश परिच्छेद

पर्वत शिखर

सुबह हुआ। खबर फैल गयी कि सांपों से भी प्रह्लाद बाल-बाल बच गये। काटना तो दूर, साँपों ने उसकी ओर फुफकार भी नहीं छोड़े। बल्कि उनके साथ खेलने लगे।

हिरण्यकशिपु का हौसला पस्त हो गया। शरीर की नस-नस ढीली पड़ गयी। उसे ऐसा जान पड़ने लगा कि उसका सम्पूर्ण वीर्य-विक्रम, जिस द्वारा तीनों लोक में उसकी विजय का डंका पिट गया था, आज एक छोटे-से दुधमुँहे बालक के आगे बिलकुल निस्तेज हो गया! मस्तिष्क में असह्य भार-सा आकर लद गया। प्रह्लाद की मृत्यु ही एक आराम दे सकती थी, परन्तु हाथ बढ़ाकर चाँद पकड़ने के दुस्साहस की तरह प्रह्लाद की मृत्यु भी हिरण्यकशिपु के लिए अप्राप्य वस्तु हो रही थी। हर तरह से उसने अपना चिन्ता-श्रम दूर करना चाहा, दिलबहलाव के अनेक उपाय किये, परन्तु बस कहीं कुछ न चला, वार-वार मन अपनी पूर्व चिन्तित परिधि में चक्कर काट-काटकर खुद भी हैरान होता था और साथ ही हिरण्यकशिपु को भी हैरान कर रहा था।

उसकी दुष्ट-बुद्धि ने फिर उसकी मदद की। एकाएक उसे एक युक्ति सूझी और इससे उसे क्षणिक प्रसन्नता भी हुई। क्योंकि इससे प्रह्लाद के नाश का उसे पूर्ण विश्वास हो गया था। उसने अपने सिपाहियों को बुलाया और आज्ञा दी कि जाओ, प्रह्लाद को पर्वत के ऊँचे शिखर पर से बाँधकर नीचे

गिरा दो ! इस तरह वह कदापि न बच सकेगा। न उसका राम उसकी रक्षा कर सकेगा और न कोई मन्त्र-तन्त्र।

दैत्यराज की आज्ञा शिरोधार्य करके पुरस्कार की प्रत्याशा में कुछ सिपाही दौड़े हुए कारागार के द्वार पर गये और प्रह्लाद को वहीं कसकर बाँधा। फिर पहाड़ की चोटी पर से गिराने के लिए चले।

प्रह्लाद ने कुछ भी नहीं कहा। मौन ही उनका महामन्त्र था। न किसी से प्रार्थना की, न किसी को कटु-शब्द कहा। मन-ही-मन उसी परम प्रियतम की स्तुति करने लगे। देखते-देखते पहाड़ भी करीब आ गया और वे अर्थ-लोभी उस निर्दोष बालक की जान लेने के लिए उसे लादकर पहाड़ पर चढ़ने लगे। ऊपर चोटी पर पहुँच एक वार नीचे की ओर उन्होंने नजर दौड़ायी—देखा, विस्तृत वसुन्धरा वहाँ से धुएँ की तरह दीख पड़ती है। पेड़-पौधे, घर-द्वार सब एकाकार हो गये हैं। सिपाहियों को विश्वास हो गया कि अबकी प्रह्लाद की मृत्यु अनिवार्य है और दैत्यराज को प्रह्लाद को वार-वार बच जाने पर जैसी कुछ अशान्ति हो रही है, उसे देखते हुए यह निश्चय है कि हमें कामयाबी होने के साथ अर्थ भी मिलेगा—अब हमारी दरिद्रता बस एक ही दिन में दूर हुई।

उन्हीं में से एक ने देर हो रही है देखकर कहा, "लो प्रह्लाद, अब तैयार हो जाओ—जिसे याद करना-कराना हो, कर लो, अब तुम यहीं से नीचे गिराये जाओगे। किसी को कुछ कहना हो तो जल्दी कह लो, हम लोगों को देर हो रही है।"

प्रह्लाद कुछ न बोले। एक वार शून्य दृष्टि से उन क्रूर-कर्माओं को देखा-भर। बस आँखें मूंद लीं। मनुष्य लोभवश कितना बड़ा दुष्कर्म कर सकता है, अपनी परीक्षा में प्रह्लाद यही सब देख रहे थे। इससे उनका वैराग्य-भाव और दृढ़ होता जा रहा था और अपने पर प्यारे राम की परम कृपा समझते थे। पिता का स्वभाव, माता का स्नेह, सिपाहियों का लोभ, सब प्रह्लाद के लिए स्वप्न की-सी लीला जान पड़ने लगी। सब जगह उन्होंने असारता की ही छाया देखी— एक-न-एक नश्वर वस्तु पर ही सबकी लगन

देखी। उनका रोम-रोम संसार से उदास हो रहा था। उन्होंने अन्त में इतना ही कहा, "भाई, मुझे किसी को कुछ नहीं कहना, तुम आनन्दपूर्वक अपना कार्य समाप्त करो—ईश्वर तुम्हारा कल्याण करें।"

सिपाहियों को कल्याण की फिक्र न थी, वे तो बस धन चाहते थे। प्रह्लाद को बाँध-बूंधकर तैयार पहले ही से कर रखा था। बस गिराने-भर की देर थी। सो वह भी सम्पूर्ण हो गया।

कार्य समाप्त कर प्रह्लाद की मृत्यु अपनी आँखों देख राजा को खबर देने के विचार से वे लोग उतरकर उधर से ही होकर निकले। परन्तु उनके आश्चर्य का ओर-छोर न रहा, जब उन्होंने प्रह्लाद को एक देवी की गोद में बैठे आनन्द से वार्तालाप करते हुए देखा। सब बहुत डरे और राजा को जाकर खबर दी कि वार अबकी भी खाली ही गया।

द्वादश परिच्छेद

अग्नि-परिक्षा

हिरण्यकशिपु भी पहाड़ के नीचे प्रह्लाद की दशा देखने के लिए गये। देखा, प्रह्लाद प्रसन्न मन से बैठे हुए थे। हिरण्यकशिपु ने उनके अंग-अंग की परीक्षा ली, परन्तु चोट कहीं भी न आयी थी। सब अंग जैसे-के-तैसे ही मक्खन की तरह मुलायम हो रहे थे। अब हिरण्यकशिपु निराश हो गया। दिल हाथों दब गया। प्रह्लाद की शक्ति के सामने वह संसार-विजयी वीर अपने को परास्त समझने लगा। उसने धीमे स्वरों में प्रह्लाद से पूछा, "क्यों प्रह्लाद, तुम हर दफा जो बच जाते हो, इसका क्या कारण है? क्या सच बात तुम हमसे कहोगे?"

प्रह्लाद उसी सरल दृष्टि से पिता के मुख की ओर देखने लगे। कहा, "पिताजी, मैं तो कई बार आपसे विनय कर चुका हूँ, कि सब कृपा राम की है। आप अपनी पाँच ज्ञानेन्द्रियों के फेर में पड़े हुए हैं। इनसे राम को कोई समझ नहीं सकता। वे विश्वास से मिलते हैं। श्रद्धा की भूमि पर उनका सुहावना आसन रखियें, तब अपनी इच्छानुसार वे उस पर आकर बैठें और तभी उनकी कृपा और उनकी शक्ति का आपको ज्ञान होगा। परन्तु आप विचार-युक्ति और नास्तिकता के सहारे अगर उन्हें प्राप्त करना चाहें तो यह आपका व्यर्थ श्रम ही होगा। आप मानें या न मानें, मुझे जो कुछ मालूम है, जिसे मैं सत्य समझता हूँ और प्रत्यक्ष कर चुका, आपसे विनयपूर्वक कह देता हूँ। आगे आपका अधिकार है।"

हिरण्यकशिपु चुप हो गया। उस दिन वह कुछ नहीं बोला। परन्तु प्रह्लाद की बातों पर उसे ज़रा भी सहानुभूति नहीं हुई। जिसे दुश्मन समझ-कर आज इतने दिनों से वह मिलने की प्रतीक्षा कर रहा है, उसे वह भक्ति-भाव से पुकारे, यह उसके लिए, एक विश्वविजयी वीर के लिए कितनी लज्जा की बात है? हिरण्यकशिपु चला गया। सिपाही प्रह्लाद को बाँधकर वहाँ से फिर कारागार में ले गये।

हिरण्यकशिपु ने इस वार एक और उपाय ढूंढ निकाला। प्रह्लाद की मौसी होलिका को यह वरदान था कि वह आग में न जलेगी। हिरण्यकशिपु ने सोचा कि लकड़ियों का ढेर लगाकर उसमें आग लगा दी जाय। जब लपटें आसमान छूने लगें, तब होलिका प्रह्लाद को लेकर उसी आग में बैठ जाय, तो प्रह्लाद जलकर भस्म हो जायगा और होलिका को तो वर है ही कि उसे आग जला न सकेगी। बस सोचने के साथ ही आदेश भी हो गया। प्रह्लाद भी वहीं लाकर हाजिर किये गये। होलिका भी आयी।

इकट्ठी की हुई लकड़ियों में हिरण्यकशिपु की आज्ञा से आग लगा दी गयी, लपटें बात-की-बात में उठकर आसमान छूने लगीं। यह तमाशा देखने के लिए गाँव के बे-शुमार लोग आकर एकत्र हो गये। होलिका, प्रह्लाद को गोद में लेकर जलती हुई प्रचण्ड आग में जाकर बैठ गयी। सब लोग तअज्जुब में आ गये। देखा कि प्रह्लाद का एक बाल भी आग में न जला था। वे आनन्दपूर्वक बैठे हुए ईश्वर का ध्यान कर रहे थे।

हिरण्यकशिपु के होश उड़ गये। उसे स्वप्न में भी विश्वास न था कि कभी ऐसा भी हो सकता है। अब तक और-और जिन उपायों द्वारा प्रह्लाद के मारने की चेष्टा की गयी थी, उन पर उसे अविश्वास हो रहा था, कभी-कभी वह सिपाहियों के धोखा देने की बात भी सोचा करता था। परन्तु आज जब अपनी आँखों से उसने प्रह्लाद का धधकती हुई आग में भी न जलना प्रत्यक्ष कर लिया, तब बिलकुल उसका चेहरा उतर गया, जैसे किसी संग्राम में उसकी घोर पराजय हो गयी हो। उपाय कुछ था ही नहीं। सिर झुकाये हुए चुपचाप वह अपने महल में चला गया।

त्रयोदश परिच्छेद

सागर-गर्भ में

हिरण्यकशिपु की कुल कार्रवाइयाँ मिट्टी में मिल गयीं और उसके परम शत्रु का बाल भी बाँका न हुआ। एक इतने बड़े वीर के लिए यह चुल्लू-भर पानी में डूब मरने की बात थी। परन्तु समय सबकुछ कराता है। जिसके सामने देवेन्द्र का मस्तक भी नीचा हो जाता है, आज एक बालक से उसका कोई बस नहीं चलता ! वह सब उपाय करके हार गया, परन्तु सफलता तक उसकी पहुँच न हो सकी। इस सोच-विचार में हिरण्यकशिपु की भूख-प्यास भी मिट गयी। रात को आँख भी न लगने लगी। आठों पहर बेचैनी में गुजरने लगे। मन्त्रियों को राजा की दशा पर बड़ी चिन्ता हुई। आखिर बहुत कुछ आपस में परामर्श करके उन लोगों ने निश्चय किया कि राजा से प्रह्लाद को समुद्र में डुबाने की बात चलकर कहें। इससे प्रह्लाद का बचना अवश्य ही असम्भव होगा।

मन्त्रिमण्डल हिरण्यकशिपु के पास आया और उसे चिन्तित-भाव से उदास बैठा हुआ देखकर हृदय को बड़ी चोट लगी। सबने एक स्वर से चिन्ता दूर करने का परामर्श दिया। और साथ ही अपना हाल का सोचा हुआ मृत्यु का नुस्खा भी उनके सामने पेश किया। नुस्खा निहायत लाजवाब था, हिरण्यकशिपु बहुत प्रसन्न हुआ। मन्त्रियों को खूब उसने धन्यवाद दिया। अगले दिन उसके अनुसार काम करने की सबको चेतावनी भी दे दी।

सुबह हुआ। नगर-भर में खबर फैल गयी कि आज प्रह्लाद को पहाड़ी पर से समुद्र में ढकेलकर मारने का निश्चय किया गया है। देखने के लिए लोग उतावले हो गये। समुन्द्र-तट पर लाखों आदमी इकट्ठे हो गये। अपने सभासदों सहित हिरण्यकशिपु भी प्रह्लाद की मृत्यु देखने के लिए आया। उधर प्रह्लाद के हाथ-पैर बाँध, छाती से एक शिला कसकर कुछ आदमी पहाड़ी पर उन्हें उठा ले गये। नीचे समुद्र अगणित जिह्वाएँ पसारे ताण्डव-नृत्य कर रहा था। तरंगों की भैरव-गर्जना सुनकर आतंक से आत्मा काँप उठती थी। तट पर के मुग्ध-दर्शक सोचते, यह न जाने किसके लिए अनादि-काल से लगातार गर्जन हो रहा है।

हिरण्यकशिपु ने नीचे से एक बार पहाड़ी की चोटी पर आँख उठाकर देखा। उसके सिपाही उसकी ओर टकटकी लगाये आज्ञा-प्राप्ति के लिए ताक रहे थे। प्रह्लाद को गिराने के लिए उन्हें हाथ के इशारे से हिरण्य-कशिपु ने आज्ञा दी। फिर क्या था ? उस निरीह बालक को उच्च शिखर से घातकों ने समुद्र-गर्भ में छोड़ दिया ! करोड़ों आँखें प्रह्लाद को उत्सुकता-भरी दृष्टि से देखने लगीं। सबने सोच लिया था कि अबकी प्रह्लाद का बचना सर्वथा असम्भव है। परन्तु जिसे परमात्मा उबारनेवाला था, संसार उसका शत्रुताचरण करके क्या बिगाड़ सकता था ? प्रह्लाद उतने ऊँचे से गिरे तो समुद्र के तरंगोत्थित मृत्यु-गर्भ में, पर उन्हें चोट ज़रा भी कहीं न लगी—जैसे रुई के ढेर पर गिरे हों। गिरने के साथ ही हृदय का शिला-बन्धन अगोचर न जाने किसने आकर खोल दिया। हाथ-पैरों के बन्धन भी ढीले होकर अलग हो गये और उन्हें बचाने के लिए बहुत बड़ा एक स्वर्ण-कमल समुद्र के वक्षस्थल पर उन्हें लेकर तैरता हुआ नृत्य करने लगा। उस पर सुख-आसन से बैठे हुए प्रह्लाद उच्च स्वर से ईश्वर का नाम ले रहे थे। तट के लोगों ने आस्तिकता का जीता-जागता चित्र देख सहर्ष प्रह्लाद का स्वागत किया। करोड़ों कण्ठ वज्र-गम्भीर ध्वनि से प्रह्लाद के स्वर-में-स्वर मिलाकर भगवान् की जयध्वनि करने लगे। कमल उसी प्रकार बहती हुई तरंगों की मधुर थपकियों से धीरे-धीरे तीर की ओर आने लगा। तट पर

पहुँच जाने पर प्रह्लाद उससे उतरे। लोगों ने बढ़कर उन्हें उठा लिया और अपनी गोद में डाल गगन-भेदी राम-नाम ध्वनि से उनकी यशोदुन्दुभि बजाने लगे। हिरण्यकशिपु कुछ काल तक तो मनमुग्ध होकर यह दृश्य देखता रहा, फिर अपने सामने ही अपने परम शत्रु की जयध्वनि सुनकर अधीर हो गया।

उसने नियन्त्रण की चेष्टा की, परन्तु उसका मनोभाव चतुर मन्त्रियों से छिपा न रहा। उस समय के लिए उन्होंने धैर्यपूर्वक जनता के कार्य में विघ्न न डालना ही उचित समझा और राजा से कहा, "कि यह बहुत अनुचित होगा, अगर उत्तेजित जनता के प्रतिकूल आचरण किया जायगा। इस समय नीति के अनुसार अपने मकान में प्रह्लाद को ले चलना ही अच्छा होगा। फिर वहाँ चलकर जैसा करना आप उचित समझें, इच्छानुसार करते रहें। वहाँ से नियन्त्रण में आसानी होगी। यहाँ संघ के संगठित कार्य में तो किसी हालत में भी विरोधाभास न प्रकट होना चाहिए।"

हिरण्यकशिपु बात मान गया। प्रह्लाद को सहर्ष साथ ले मन्त्रियों सहित अपनी राजधानी की ओर चल पड़ा। पीछे-पीछे करोड़ों कण्ठ से राम-नाम-ध्वनि भी प्रह्लाद के साथ हो ली। राज्य की सोलहो आना प्रजा प्रह्लाद के पक्ष में हो गयी। हिरण्यकशिपु का दुर्द्धर्ष प्रताप दबकर चकनाचूर हो गया। यदि मन्त्रियों ने उसे न समझाया होता, तो समुद्र तट पर ही प्रजा को दबाने के लिए उद्यत हो गया होता। परन्तु बुद्धि से काम निकालना ही मन्त्रियों ने पसन्द किया। हिरण्यकशिपु और प्रह्लाद दोनों को महल में ले गये। इससे प्रजावर्ग को विश्वास हो गया कि अब प्रह्लाद मुक्त कर दिये जायेंगे और हिरण्यकशिपु परमात्मा का प्रताप प्रत्यक्ष करके अब उसका भक्त हो जायगा। इस तरह राज्य के लोगों के प्रत्येक के हृदय में प्रह्लाद का आसन जम गया। सब उन्हें अपना आदर्श और आचार्य मानने लगे। हिरण्यकशिपु ने इतने अत्याचार, इतनी हत्याएँ विष्णु के विरोध के लिए कीं तो, पर उसे सफलता न हुई, अन्त में प्रह्लाद की ही विजय हुई और वैष्णव-धर्म का प्रचार बढ़कर फलने-फूलने लगा।

•

चतुर्दश परिच्छेद

नरसिंह

प्रह्लाद राज-भवन में हैं। बहुत दिनों बाद उन्हें यह सौभाग्य मिला है। अगर प्रजा के बागी होने का भय न होता, तो हिरण्यकशिपु शायद उन्हें राज-भवन में न ठहरने देता। जब से प्रह्लाद महल में आये, तब से हर वक्त हिरण्यकशिपु की आँखों में काँटे की तरह खटकने लगे। अबकी वार किसी दूसरे उपाय से उसने प्रह्लाद के मारने का निश्चय नहीं किया। खुद ही उन्हें तलवार के घाट उतारकर अपने क्रोध को शान्त करना निश्चय किया। उसका धैर्य अब जाता रहा था। किसी उपाय से उसका प्रशमन होना उसे असम्भव जान पड़ता था। इसीलिए अपने पुत्र की सफाई अपने ही हाथों करने के लिए वह इतना उतावला हो रहा था। उसका क्रोध पूर्ण मात्रा में आ गया था और सिर पर अलक्ष्य भाव से मृत्यु भी मुकाम कूच करने का परवाना लिये खड़ी थी।

दिन की समाप्ति हो रही थी। भगवन् भुवन-भास्कर पश्चिमाकाश में गम्भीर गति से धीरे-धीरे अस्ताचल की ओर जा रहे थे। चिड़ियों की चहक में, पल्लवों की शिथिलता में, गोधूलि के अन्धकार में, किसानों के प्रत्यावर्तन में, श्रम, शयन और मोह की माया हृदय को कर्म-तत्पर संसार से उदासीन कर रही थी। इसी समय दैत्यराज हिरण्यकशिपु का दरबार जमा हुआ था। एक ओर सशस्त्र सिपाहियों का सजग पहरा, एक ओर उच्च कर्मचारियों का गम्भीर मौन, एक ओर दर्शकों के मुख पर सन्नाटा, एक ओर हिरण्य-

कशिपु के प्रताप की अन्तिम आभा, सब एकसाथ मिलकर उस दिन सभा की अन्तरात्मा में एक अपूर्व करुणा भर रहे थे, उस दिन न-जाने कौन-सी एक अज्ञात वेदना मौन स्वर में अपनी नश्वर रागिनी अलाप रही थी।

हिरण्यकशिपु के पास ही प्रह्लाद भी खड़े थे, शान्त, धीर, अचल-अटल। कहीं कोई ध्वनि उस नीरवता को बाधा देने का साहस नहीं कर रही थी। हिरण्यकशिपु ने ही यह साहस किया, वही वहाँ का स्रष्टा और पालक था, इसलिए वही उस मौन के नाश का भी कारण बना। एकाएक मन्द-मन्द स्वर से लोगों का ध्यान आकर्षित करते हुए उसने प्रह्लाद से पूछा, "प्रह्लाद, आज मैं तुमसे सभाजनों के समक्ष एक सत्य पूछना चाहता हूँ। बताओ किस उपाय से तुम इतनी बार मृत्यु के हाथों से बचते गये?"

पिता के प्रति अगाध श्रद्धा प्रकट करते हुए नम्र स्वर से प्रह्लाद ने कहा, "पिताजी, जिसकी कृपा से मेरी सृष्टि हुई, जिसने मुझे पाल-पोसकर इतना बड़ा किया, जिसकी इच्छा के बिना किसी में हिलने की भी शक्ति नहीं है, जो सर्व-शक्तिमान है, तीनों काल के ज्ञाता, अजर-अमर होते हुए भी आकर स्वरूप धारण कर भक्तों की इच्छा पूर्ति किया करते हैं, जिनके बिना किसी के अस्तित्व का कोई दूसरा साक्षी है ही नहीं, वही राम अब तक सब जगह मेरी रक्षा करते आये हैं।"

प्रह्लाद की बातों का न कभी पहले हिरण्यकशिपु को विश्वास हुआ था, न अब हुआ। वह तो उनके मारने की एक वजह खोज रहा था, जो उनकी इस बात से उसे दूसरा प्रश्न करने का मौका मिल गया। उसने कहा, "मैंने किसी एक जगह तो तुम्हें भेजा नहीं, कभी तुम कारागार में थे, कभी पहाड़ की चोटी पर, कभी आग में थे तो कभी अथाह पानी में। तुम्हारे राम को खबर कौन पहुँचाता था कि आज प्रह्लाद अमुक स्थान पर भेजे जा रहे हैं, आज उनकी यह दशा है सो चलकर उन्हें बचाइये। तुम सच कहोगे तो तुम्हारा निस्तार हो सकता है अन्यथा—"

"अन्यथा का भय मुझे नहीं है—पिताजी, मैं तो अर्ज कर चुका, पर फिर सुनिए, अपने सन्देह को अगर हो सके तो दूर कर दीजिए। मेरे राम

के पास खबर किसी ने नहीं भेजी, वे खुद सबकी खबर लिया करते हैं और ऐसी सच्ची खबर लेते हैं कि उनसे कभी गलती तो होती ही नहीं। जिन्हें मैं त्रिकालदर्शी बतला चुका, उनके पास खबर भेजने की आवश्यकता ही क्या है?

"भला बतलाइये तो क्या रात को जो अगणित तारे चमकते हैं, वहाँ आपकी पैठ है? क्या वहाँ आपको कोई जानता है? समुद्रगर्भ के करोड़ों जीव क्या आपका शासन मानते हैं? जिस पृथ्वी पर असंख्य पेड़-पौधे उगते, पल्लवित होते और फूलते-फलते हैं, उन पर आपका कोई अधिकार है, उनके लिए आप क्या करते हैं? कीट-पतंगों में, पशु-पक्षियों में क्या आपका कोई नाम जानता है? आपने सृष्टि के कितने जीवों पर विजय प्राप्त की है? मेरे राम इन सबके भीतर हैं—सब जगह हैं।"—प्रह्लाद की सत्योक्ति से हिरण्यकशिपु ने अपना घोर अपमान समझा। अपनी प्रजा के सामने उसे अपना अपमान असह्य हो गया। मारे क्रोध के आँखों से ज्वाला निकलने लगी। तमाम शरीर काँपने लगा।

उसी क्रोधान्ध अवस्था में गरजकर प्रह्लाद से उसने कहा, "मैं युक्ति नहीं सुनना चाहता, मैं प्रत्यक्षवादी हूँ, बतला अगर तेरा राम सब जगह है, अगर सब कुछ तेरे राम का ही बनाया हुआ है, अगर सबमें वह समाया हुआ है, तो क्या उस खम्मे में तेरा राम है?"

अकम्पित स्थिर कण्ठ से प्रह्लाद ने कहा, "हाँ, क्यों नहीं। अवश्य वे उस खम्मे में हैं!"

बस, क्रोध की पूर्णाहुति में जलकर हिरण्यकशिपु शिहिर उठा, हिरण्याक्ष की याद हो आयी, मन-ही-मन भाई से उसने कहा, 'भैया, आज तुम्हारा बदला लेता हूँ और शत्रु के खून से अपने इतने दिनों की धधकती हुई आग बुझाऊँगा।' झट उसने मयान से तलवार बाहर निकाल ली और वीर की तरह पैंतरा काटकर खम्भे में चोट की। उतना बड़ा मजबूत खम्भा बीच से टूटकर अलग हो गया। टूटने के साथ ही एक विकट गर्जना हुई, जिसे सुनते ही सभा के लोग मूर्च्छित हो गये! हिरण्यकशिपु ने देखा, उस

खम्भे से एक विकट मूर्ति जिसका तमाम बदन तो था आदमी का और मुँह शेर का, बाहर निकल आयी और हिरण्यकशिपु को पकड़ने के लिऐ उसकी तरफ बढ़ने लगी। हिरण्यकशिपु भी डरनेवाला न था, डर किसे कहते हैं, यह उसने अपने जीवन में सीखा ही न था। झट पैंतरा बदलकर उस मूर्ति पर उसने चोट की। पर वहाँ क्या होता, काल से कोई कब तक लड़ सकता है? बड़ी देर तक बचते रहने पर भी अन्त में भगवान् नरसिंह ने उसे पकड़कर द्वार पर अपनी जाँघ पर रख तेज नाखूनों से बीच से फाड़ डाला और उसकी अन्तड़ियों की माला बना गले में पहन ली।

क्षण-भर में खबर फैल गयी कि हिरण्यकशिपु मारा गया। देवताओं को तो पहले ही से उत्सुकता थी। सब एकत्र हो गये। पर उस मूर्ति के सामने जाने की किसी को हिम्मत न होती थी, लक्ष्मी ने भी जवाब दे दिया। ब्रह्मा और महेश्वर ने सलाह करके प्रह्लाद को ही उस मूर्ति के सामने जा क्रोध प्रशमित करने के लिए कहा। सरल स्वभाव से प्रह्लाद उस भयानक मूर्ति के सामने खड़े हो, हाथ जोड़ स्तुति-वन्दनाएँ करने लगे। भगवान् नरसिंह का क्रोध भी प्रह्लाद की स्तुतियों से शान्त हो गया। उन्होंने उनके मस्तक पर अपना अभयहस्त धारण किया। देवताओं ने दुन्दुभी बजायी और पुष्प-वर्षा की।

भगवान् ने प्रसन्न हो प्रह्लाद से वर-प्रार्थना करने के लिए कहा। प्रह्लाद बोले, "प्रभो, मेरे पिता के सम्पूर्ण अपराध क्षमा कीजिए। और मुझ पर ऐसा ही दया-भाव बनाये रखिए।" 'तथास्तु।' कहकर बड़े समारोह से प्रसन्न मुख देवताओं के साथ भगवान् ने प्रह्लाद को राजगद्दी दी। देवताओं को भी लाभ ही हुआ। उनका छीना हुआ राज्य उन्हें फिर से मिल गया। सब आनन्दपूर्वक वहाँ से विदा हुए।

जिस विधि से राज्य करने के लिए भगवान् नरसिंहदेव प्रह्लाद को आज्ञा दे गये थे, उसी पर अटल भाव से डटे रहकर उन्होंने कई हजार वर्षों तक राज-सिंहासन अलंकृत किया। प्रजा को भी उन्हें पाकर परम सुख और शान्ति मिली।

०००